小林素文
Motofumi Kobayashi

カメハメハ大王

KAMEHAMEHA

今へとつながる英傑の軌跡

風媒社

はじめに

ハワイは、米国の五十番目の州ですが、十九世紀の八十三年間、ハワイ王国が存在し、八代にわたる王が国を治めていました。

王国に流れていたアロハスピリッツは今に受け継がれ、ハワイで暮らす人々に求める大切な心がけとして、ハワイ州憲法に定められています（セクション五―七・五）。それは、「こんにちは、さようなら、ありがとう、などの挨拶ことばにとどまらず、見返りを求めない思いやりの心」です。

ハワイが日本から一五〇万人以上（二〇一七年度）訪れる人気の観光地で、リピーターが多いのは、アロハスピリッツに包まれた南の島に魅せられるからでしょう。

観光客を魅了するアロハスピリッツやフラなど、ハワイの伝統精神と伝統文化が今に生きているのは、ハワイ王国が八十三年間存在したおかげです。

その初代の王が、カメハメハ大王なのです。

カメハメハが二十歳の一七七八年に、キャプテン・クックがハワイを発見しました。その当時のハワイは、外の世界を知らず、石器時代の暮らしをしており、四つの島（ハワイ島、マウイ島、オアフ島、カウアイ島）の王たちが、全島を支配する大王の座を争う戦国時代でした。

やがて、太平洋の真ん中にあるハワイのことは西洋に知れ渡り、北米でラッコやキツネの毛皮を仕入れ中国に持ち込んで売る、毛皮貿易船が次々と訪れるようになりました。初めてハワイに来た西洋人たちは、裸に近い姿で石器時代の暮らしをするハワイアンを野蛮でお人好しの原住民、体に刺青が彫られたハワイの王たちを蛮族の酋長、と見なしたことでしょう。

しかし、野蛮でお人好しに見えたのは、西洋人とは異なる価値観や常識で生活していたからで、ハワイアンは、自然の恵みと恐れをもたらす神々を敬い、アロハスピリッツを常識として暮らしていたのです。

蛮族の酋長に見えたであろう王たちもまた、西洋船が来るようになってから急速に変わっていくハワイの戦国時代を生き延びるために、西洋からの情報と武器を仕入れることに必死でした。

そして、巧みに手に入れた情報と武器を効果的に活用したカメハメハが、優れた戦略・謀略・知略と豊かな人間味で、大王の座を勝ち取ったのです。

その大王を称えて、六月十一日は「カメハメハ・デー」。ハワイ州の休日です。その日が近づくとハワイに三対あるカメハメハ大王像には、長さ四メートルもあるレイが何十本もかけられ、盛大にお祝いをします。

ところで、ホノルルにあるカメハメハ大王像のレプリカがワシントンDCにあることをご存じでしょうか。

米国の首都にある国会議事堂内の「ナショナル・スタチュアリ・ホール」には各州二人の歴史上の偉人像が展示されています。そこに、金色のヘルメットとマントを身につけ颯爽とポーズをとるカメハメハ大王像が、南軍のリー将軍像、合衆国初代大統領ジョージ・ワシントン像と共に、米国の百人の偉人として居並んでいます。

太平洋の小さな島とはいえ、優れたリーダーの資質を発揮しハワイ王国を統一したカメハメハは、米国初代大統領やリー将軍と並び称される英傑なのです。

本書のⅠ「カメハメハ大王の軌跡」では、カメハメハ大王だけでなく、カメハメハと関わったライバルの王たち、正妻と愛妻、拉致された二人の英国人、流れ者の米国人などを通して、急速に国際化していくハワイと、それぞれの人間模様を描き、さらに、カメハメハ大王亡き後のカメハメハ王朝、ハワイ王国、カメハメハ大王の遺産、について触れていきます。

本書のⅡ「カメハメハを訪ねて」は、本文と関連する町、遺跡、像、景観などを、写真と共に紹介したものです。

＊　＊　＊

南の島の王様の軌跡をたどり、「人や文化はそれぞれだが根っこは同じ」ことを、そして、「過去と現在はつながっている」ことを読みやすく伝えたいと思い執筆した本書は、独白や会話形式を随所に取り入れましたが、年代、登場人物、出来事などは、史実や学説にもとづいています。

第二章のカメハメハの誕生と成長など、記録がなく言い伝えによることは諸説があるため、カメハメハスクールの教材Julie Stewart Williams『Kamehameha the Great』(Kamehameha Schools, 1993) をもとにしています。その他は筆者が大学での講義教材として著した『ハワイ物語』（東京図書出版、二〇一三年）をもとにしています。同書に引用文献や参考文献が詳しく記してありますので、本書では割愛します。

なお、「カメハメハを訪ねて」にある写真は筆者撮影です。

カメハメハ大王 今へとつながる英傑の軌跡［目次］

I

カメハメハ大王の軌跡

◉ポリネシアとハワイ◉

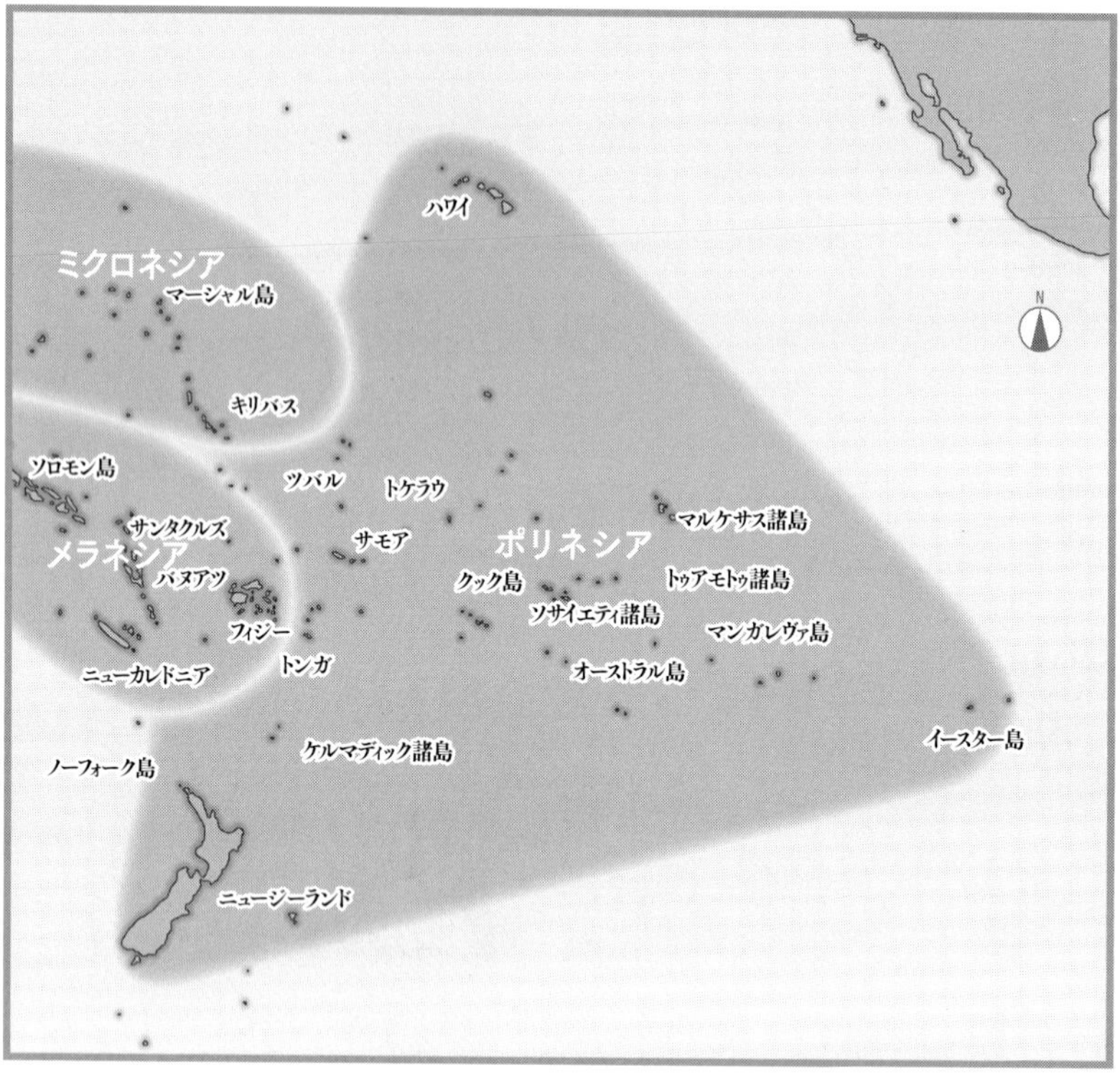

北端がハワイ、西端がニュージーランド、東端がイースター島の大三角形の内側がポリネシアです。「アフリカから世界に拡散していった人類の移動がポリネシアの中央部の島々に到達した。その中央部からイースター島、ハワイ、そしてニュージーランドへと順に移動していったのが最後の人類移動である」。これが今の定説です。いつマルケサス諸島からハワイに移動したのかは、1～6世紀の幅で、さまざまな説がありますが、本書では1500年前頃としました。

◉ハワイ８島とハワイ諸島◉

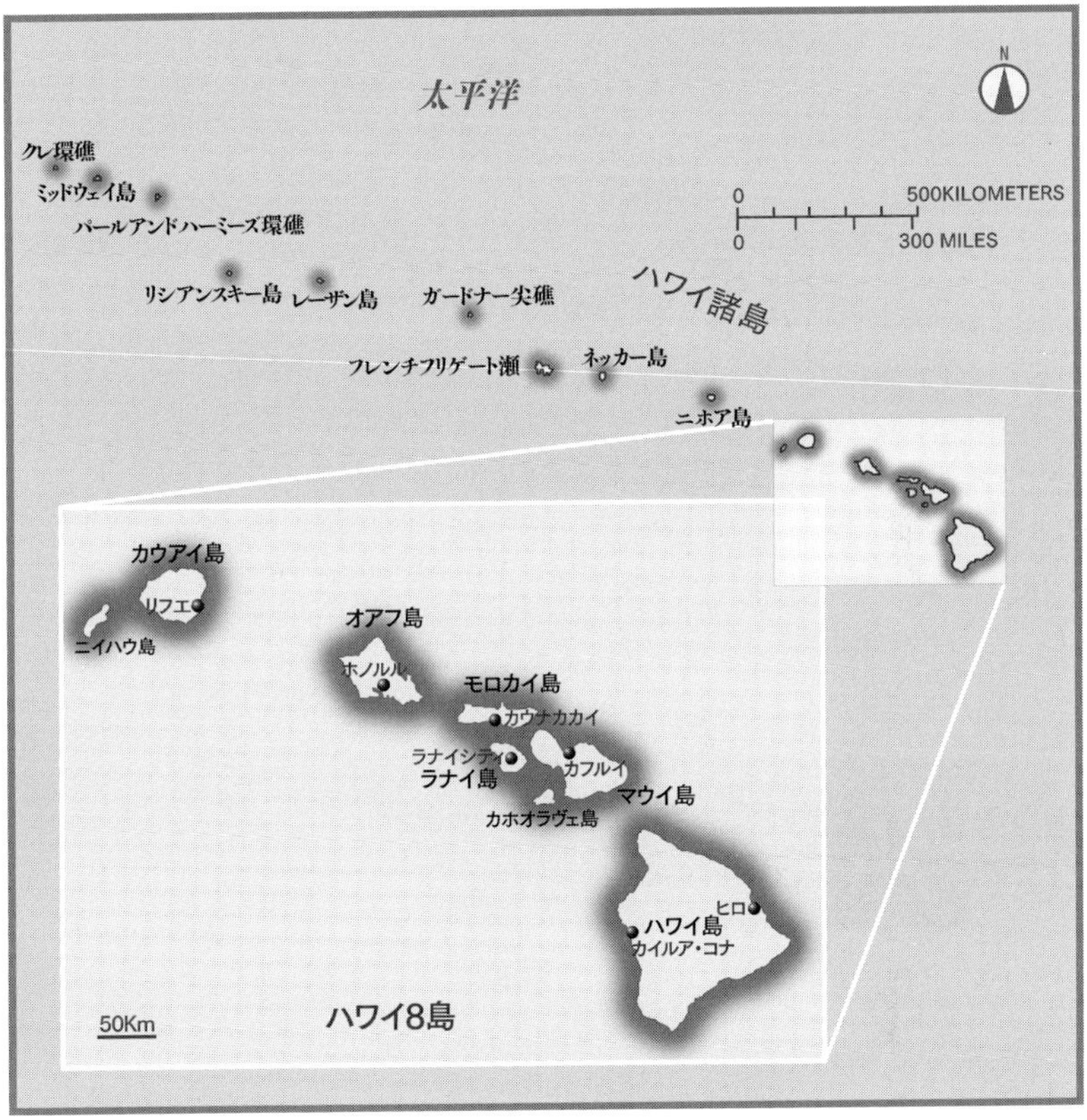

「移動する太平洋プレート」と「同じ場所でマグマが湧き上がるホットスポット」。この２つのずれからハワイの島々が生まれました。今、ホットスポット近くにあるハワイ島が最も新しい島で、マウイ島、オアフ島、カウアイ島の順に古くなっていきます。ハワイ８島から西へもハワイ諸島は連なっており、ミッドウェイはその西端近くにあります。ハワイ８島のうち、米軍の射撃訓練がおこなわれたカホオラウェ島には人が住んでいません。ニイハウ島は個人所有の島で、そこには、ハワイ語を話すハワイアンが170人（2010年）住み、昔ながらの生活をしています。

第1章　争いが絶えなかった神々の島

最初のハワイアン

ハワイアンは、今から一五〇〇年ほど前、はるか四〇〇〇キロも離れたマルケサス諸島（本書10ページ）からハワイに移住してきた人たちです。

ハワイに移り住んだのは「知らない島へ行ってみたい」という冒険心からではありません。争いで敗れたせいなのか、食糧が枯渇したせいなのか……いずれにしても、元の島を逃れざるをえない事情があったからです。

こうした移住は現在もあります。紛争や食料事情により、生まれ育った国を捨てざるをえない、難民と呼ばれる人たちです。国連難民高等弁務官事務所は、難民や、難民申請者、国内で住まいを失った避難民の合計が、二〇一七年度末に過去最高の六八五〇万人に上ったと発表しています。

現代の難民は人の住んでいる国への移住ですが、一五〇〇年ほど前にハワイに移住したハワイアンは、あるかないかもわからない島を求めて、元の島を去らざるをえませんでした。ちょうど、無数のヤシの実が流れ流れて、運よく陸に到達した実だけが、そこで根を張り子孫を増やしていくように、幸運な人たちだけがハワイにたどりつき、生活を始め、子孫を増やしていきました。

たどりついたのがハワイであったのはさらにラッキーでした。ハワイは人が住むのにふさわしい環境だったからです。

まず、ハワイに絶えず吹く貿易風。この風は北東から吹いているため、南の島でありながら、カラッとした爽やかな気候をもたらします。さらに、その風がハワイの島々の山に当たり、上昇気流となって、雲を生み、雨を降らせます。爽やかであり、水が豊富なことは、人が住むのに適しています。

雨が多いといってもにわか雨。短時間にザーッと降った後に現れる壮大な虹は、ハワイがレインボー州と言われるのも納得できる美しさです。今ハワイを訪れる人たちを魅了するこんな自然環境は、移住者たちに大いなる希望を与えたことでしょう。

次に、ハワイの大地。ハワイは火山からできた比較的新しい島ですが、数百万年を経て溶岩は風化し、貿易風がもたらす雨の恵みにより植物が生育し、移住者がたどりついた頃には、森があり鳥が暮らす肥沃な島になっていました。

そしてサンゴ礁。ハワイの島々の沿岸にあるサンゴ礁のおかげで、魚貝類が豊富なことも好条件でした。

最初のハワイアンは、たどりついた島での生活物資を運ぶために、二つのカヌーを荷台でつないだダブルカヌーでやってきました。荷台に乗せられた鶏、犬、豚、タロイモ、ココナツ、バナナなどにとってもハワイはよい環境で、いずれも子孫を増やしていきました。

オハナとアロハスピリッツ

ハワイに植えられたハワイアンの主食であるタロイモは、「オハ（新芽）」から、子イモ、孫イモ、ひ孫イモが生まれ、幾世代にもわたりハワイアンを支えていきます。ここから生まれたハワイ語「オハナ（家族）」は、子、孫、両親、祖父母、親せき、だけでなく、祖先にまでいきつく広い意味をもっていました。

オハナを大切にするハワイアンは、祖先から受け継がれる言い伝えや仕来りを次の世

やがて、首長、神官、平民、いずれに属するのか、首長ならば、王、地区首長、地域首長、いずれなのかが、血筋で生まれながらに決まる社会になりました。

カプ（おきて）

血筋で定まる階層社会を安定させ、社会秩序を保つために、カプ（おきて）が定められていきます。

カプは自然への崇拝と恐れから生まれ、「神聖な力（マナ）を有するものを侵してはならない」でしたが、次のように多岐にわたり、細かく定められていきます。その領分に入ってはならない。そして、それを破った者は死をもって償わなければならない厳格なおきてになったのです。

首長のマナを侵さないためのカプ
・平民は首長の影を踏んではならない
・平民は首長が通る時土下座をしなくてはならない
・平民は王族の象徴である黄色の羽を身につけてはならない

自然のマナを守るためのカプ

・オペル（さば）は一月から六月までとってはならない

・アク（かつお）は七月から十二月までとってはならない

女性のマナを恐れたカプ

・女性は男性と一緒に食事をしてはならない

・女性は豚やバナナを食べてはならない

・女性はヘイアウ（神殿）に入ってはならない

メレとフラ

厳格なカプに守られた身分制度により、圧倒的多数の平民と少数の首長との争いが起きることはありませんでした。しかし、王をめぐる争いは絶えることがありません。

王が亡くなると、支配地域の分配をめぐり兄弟間の争いが起き、首長たちもそれぞれの損得から兄についたり、弟についたりするため、たとえ長男が王に指名されていたとしても、次男が王の座を兄から奪い取る、というどの時代、どの国でも起こることが、ハワイでも起きていたのです。

ハワイ語には文字がありませんでしたが、こうした出来事は、メレ（詠唱）となり語り継がれていきます。王をめぐる争いだけでなく、ハワイの成り立ち、神々のこと、うれしかったこと、悲しかったこと、さまざまな出来事がメレとなり、儀式や収穫祭などで唱えられていました。

メレにはことばだけで表現するメレ・オリと、フラ（踊り）とともに唱えるメレ・フラがありますが、過酷な労働とカプにしばられて生活をしていた平民にとって、収穫祭でのフラとメレは、昔の日本の村祭りのように、息抜きであり、楽しみでした。

ハワイ八島の主要な四島（ハワイ島、マウイ島、オアフ島、カウアイ島）それぞれに王が存在し、統治する時代が長く続きますが、やがて、ハワイ全島を支配する王、大王をめぐる争いが起きるようになります。そんな戦国時代にカメハメハは生まれたのでした。

ハワイは楽園といわれます。風光明媚で、気候が良く、独自の文化の香りがするハワイは、確かに、観光客にとって楽園でしょう。

では、外の世界を知らず、ハワイアンだけが暮らしていた頃のハワイはどうだったのでしょうか。

『南の島のハメハメハ大王』という童謡があります。

南の島の大王は　その名も偉大なハメハメハ
ロマンチックな王様で
風のすべてが彼の歌　星のすべてが彼の夢
ハメハメハ　ハメハメハ　ハメハメハメハメハ

美しい海に囲まれ、気候が良く、食べ物も豊富な島々で、幾世代も変わることがない自給自足の暮らしを連綿と続けていたハワイアンは、ハメハメハのようなロマンチックな王様のもとで、平和で、穏やかに暮らしていた、とのイメージが浮かびがちです。

しかし、現実は、血筋で身分が定まり、厳格なカプにしばられ、王をめぐる争いが絶えない南の島でした。その中でも人々は、自然の恵みと恐れをもたらす神々を敬い、アロハスピリッツで助け合い、フラが踊られる祭りを楽しみにして暮らしていたのです。

第2章　カメハメハの誕生とキャプテン・クック

ハワイ語には文字がなかったため、カメハメハがいつ生まれたのか、どのように育ったのか、正確にはわかりません。唯一、メレにより語り継がれていることから推測するしかありません。

それによれば、「カメハメハは、しっぽが長く伸びた巨大な流れ星が夜空を輝かせた年に、王族の家に生まれた」と伝えられています。

その流れ星が七十六年周期で地球に現れるハレー彗星であるならば、カメハメハは一七五八年に生を受けたことになります。

カメハメハ、ハワイ島の王族として育つ

「巨大な彗星のもとで生まれた王の血筋がある者は、やがて王の座を奪う」との神官の

お告げを受け、時のハワイ島の王アラパイは、カメハメハを捕えようとします。そのことを知った両親は、カメハメハを部下の家族に託します。部下は、身の危険を顧みず、アロハスピリッツでカメハメハをかくまい、育てていきました。

カメハメハが五歳の時、ようやくアラパイ王の許しが出て、カメハメハは両親のもとに戻ります。これまでパイエアの名で育てられてきましたが、この時、アラパイ王から与えられた名前がカメハメハ。孤独な人、という意味です。

カメハメハは、両親のもとで伸び伸びと育っていましたが、十二歳の時、父親が亡くなり、父の兄で、後のハワイ島の王となるカラニオプに養子として引き取られました。

カラニオプの元で少年時代を過ごしたカメハメハは、王族として必要な知識や技術を学んでいきます。石槍、こん棒、投石、カヌーなどを駆使した戦争ゲームで戦術を学び、季節や時間が正確に測定できる太陽や月の知識を学び、風向、星の位置、潮流などから、カヌーを夜でも航行できるナビゲーション技術を学び、数多くのメレを暗唱することで、神々やハワイの成り立ち、王の系譜などを学んでいきました。

王族の知識と技術を身につけ、たくましく育ったカメハメハが二十歳になったとき、ハワイアンをびっくりさせる出来事が起こります。見たこともない巨大船がハワイに現れたのです。

キャプテン・クックの登場

巨大船を率いていたのはキャプテン・ジェームズ・クック。クックは、北極海に太平洋と大西洋をつなぐ航路があるかどうかを調べる目的で、二艘の船を率い英国から南太平洋のソサイエティ諸島（本書10ページ）にやってきました。「ソサイエティ諸島から北の太平洋には、人が住む島は存在しない」と思われていたので、そこで十分な準備をし、北極海を目指し出航。三週間後の一七七八年一月十八日、北東方向に島〈オアフ島〉を見つけます。さらに進むと、その北にも島（カウアイ島）があります。翌日、クックは食料や水を調達しようと、カウアイ島に近づいていきました。

ハワイアンにとって西洋船は初めてではありません。十六世紀半ばから十九世紀にかけて、メキシコとフィリピンの間でスペイン船によるガレオン貿易がおこなわれていたため、難破船がハワイに流れ着くこともあったからです。その船にある釘などの鉄製品は石器時代の暮らしをしていたハワイアンには宝物でした。

難破船でしか知らなかった巨大船が近づいてきたのですから前代未聞の大事件。しかし、もともと海上での物々交換が当たり前のハワイアン。宝物を求めて、魚、タロイモ、バナナなどをカヌーに乗せ、巨大船に近づいていきます。

これはクックにとっても大事件です。「これまで、未知が多いニュージーランドなどを探索してきたが、発見者ではなかった。今度こそは発見者なのだ」と確信できたからです。

クックは航海日誌に次のように記しています。

「カヌーで近づいてきた人たちは、おどおどしていたが友好的であった。（中略）贈り物の交換を望んでいるようであった。ロープの先に真鍮のメダルや鉄をつけて下ろすと、魚やスウィートポテトをつけてくれた」

ハワイアンと西洋人との初めての交易がおこなわれたのです。

交易がおこなわれたところは投錨に適していなかったので、クックは西北に船を進め、ワイメア沖で投錨します。一夜明けると、おびただしい数のカヌーが巨大船を囲み、乗り込んでくる者もいました。この時のこともクックは航海日誌に記しています。

「彼らは物から物へと目を移す。その目つきと行動は初めて見るものへの驚きを示している。間違いなく西洋の船は初めてなのだ」

乗り込んできたハワイアンの一人が、船上の肉切り包丁をカヌーに持ち込み岸に向かっていきます。

当時のハワイは分かち合いが当たり前の社会。肉切り包丁を盗んだとの意識はなかったのかも知れません。ところが、クックはこれを盗みと思い、部下にボートで追いかけさせます。

追いかけてきたボートが岸に近づくと、カヌーしか知らないハワイアンたちは興味深げにボートに集まり、その一人がボートフックを取り外し、持ち去ろうとします。

「肉切り包丁だけでなく、ボートフックまで盗むことは許されない」と判断した隊員は銃を発砲して、ハワイアンを殺してしまいます。

飛び道具は投石か石ヤリのハワイアン、大きな音がする銃の威力に恐れ慄きました。

その後、クック一行はハワイアンがひれ伏す中、意気揚々とハワイの地を踏みました。

わずかな鉄製品で、水や食料を十分に調達したクックは、北極海に向けハワイを出航していきます。

キャプテン・クックと王たちの思わく

ハワイを去ってから十カ月後、北極海が氷で覆われ始めると、船の修理や食料調達のため、クックは再びハワイに戻ってきます。

巨大船のこと、ものすごい威力がある武器のことは、海の民ハワイアン、すべての島に行き届いていました。折しも、全島の王である大王をめぐる戦いが各地で起こっていたハワイ。鉄や鉄製品は魅力的です。いち早くそれを手に入れた王が大王に近づけるからです。

マウイ島沖に停泊した巨大船にマウイ王のカヘキリが恭しく着飾り、表敬訪問をし、王族だけが着ることができる羽毛のマントを贈りました。

王族のマントを作るのには、捕まえた鳥から、五、六本だけ羽毛を取り、生きて放していたため、何十万羽もの鳥を捕獲しなくてはならず、何年もかかりました。そんな貴重品のマントをプレゼントしたのは、カヘキリが巨大船との交易の価値を知っていたからです。

クックは、マウイ島からハワイ島、そしてハワイ島を時計回りで航行し、ケアラケクア湾に投錨しました。すると、おびただしい数のハワイアンがカヌーで押し寄せてきます。やがて、立派な羽毛のマントを身に着けたハワイ島の王が、長大なカヌーで表敬訪問にやってきました。

この時のハワイ島の王はカメハメハの養父カラニオプ。カメハメハも王と共に巨大船に乗り込みます。クックの船員の日記にカメハメハは、「野蛮な顔つきで、態度は威圧的だが、交渉事では中心的な役割をしていた」と記されました。カメハメハは、ここに歴史上初めて登場したのです。

王の命による歓迎は、収穫祭の時期と重なり、毎日がお祭り騒ぎの大宴会。クック一行は十分に英気を養います。

食料や水を調達したクックが再び北極海を目指し出航する日、カラニオプ王は巨大船との友好関係が大王への道につながると期待し、膨大な数の贈り物をし、盛大に見送りました。

キャプテン・クックの死

クックが去り、収穫祭も終わり、ケアラケクア湾に再び平穏な日々が訪れます。

ところが、一週間もするとクックが戻ってきたのです。強風で破損したマストの修理のためですが、船を停泊しても、今回はカヌーで近づくハワイアンほとんどいません。

王の命によります。

王は「あれほどの歓待をし、盛大に見送ったのにすぐに戻ってくるとは。収穫祭も終わり、物資も少なく、同じことはできない」と無視をしたのでしょう。ひょっとしたら「クックは欲張りではないか」と疑ったのかもしれません。

やがて物々交換がおこなわれるようになりましたが、釘やトンカチだけでなく、カッターボートを持っていこうとします。クックは、ハワイアンがうって変わって冷たくなったことにいらだっていました。おまけに大切なカッターボートまで持っていこうとするので、とうとう堪忍袋の緒を切らし、王を人質として捕えようと、武装した隊員たちとともに王のもとへ向かいます。ただならぬ気配を察した王側と小競り合いがおき、あっけなくクックは殴り殺されてしまいました。一七七九年二月十四日。クック五十歳でした。

艦長が亡くなったことから、北極海の航路探しはあきらめ、二艘の巨大船は故郷英国へと去っていきます。

残されたクックの航海日誌、同行画家の絵をもとに本が出版されると大評判となり、クックが上官の名をとり名づけた、サンドイッチ諸島（ハワイ諸島）の存在は広く知られるようになります。

巨大船が去った六年後から、西欧の艦船や商船が次から次へとハワイにやってくるようになります。それらとうまく付き合い、情報と武器を仕入れていくカメハメハが大王への道を上りつめていくのです。

クックの死をめぐり、さまざまな説が生まれますが、よく知られているのが人類学者サーリンズによるものです。

「クックは時計回りでハワイ島を巡り収穫祭の時にケアラケクア湾にやってきた。これは豊穣の神ロノが通る道であり、クックはロノの化身だと思われ、大歓迎をされた。しかし、祭りの終わりと共に去るロノは、一年後にしか戻ってこないはずなのに、すぐ戻ってきた。クックはただの人間なのだ。それで争いが起き殺されたのだ」

興味深い説です。しかし、戦国時代のハワイの王たちはもっと現実的で、戦略的に巨大船とのやりとりをしていった末の出来事だったのです。

第3章　最強のライバル、カヘキリ

ハワイ島の内戦とカヘキリ

一七八二年、ハワイ島のカラニオプウ王が亡くなると、その遺言により、実の息子キワラオが王となり、養子のカメハメハは戦いの神を祀る責任者となります。

王となったばかりのキワラオがおこなった土地の再配分に不満を抱く首長たちは、カメハメハに助けを求めます。カメハメハはすばやく行動をおこし、モクオハイの戦いでキワラオ王を撲殺して勝利しました。

カメハメハは、キワラオ王が着ていた、黄色い羽毛に赤の羽毛の模様がある豪華なマントを身につけ、「我こそがハワイ島の王である」と宣言しますが、それに反発する勢力との内乱が起こり、カメハメハがハワイ島を支配するのには、なお九年かかります。

カメハメハにはハワイ島での争いに加え、内戦状態のハワイ島を狙う、マウイ島の王カヘキリとの争いもありました。

カヘキリは身長二メートル、体重一三〇キロ、体の右半身には、頭から足の指先まですべてに刺青が彫られた、威圧感あふれる王ですが、マウイ王を巧みに勝ち取った智将でもありました。

一七八三年、カヘキリはオアフ島に攻め込み、オアフ王を殺します。そして、加担した首長たち、その一族郎党を女子供の別なく皆殺しにして、完全にオアフ島を掌握します。さらに、カウアイ島の王と同盟を結び、ハワイ諸島最強の王になりました。

それでも、カメハメハの強さを知るカヘキリは攻め急ぐことはせず、一七八五年頃からハワイにやってくるようになった西洋船から武器を仕入れ、カメハメハとの戦いの準備を万全にしていきます。

拉致された二人の英国人

一方のカメハメハも、西洋船と二人の英国人を手に入れ、力を蓄えていきます。

西洋船が頻繁に訪れるようなっていたハワイは戦国時代であり、治安は良くありません。マウイ島のオロワル沖では、エレノア号の船長メットカーフが海上取引のもつれから百人以上のハワイアンを撃ち殺す「オロワル大虐殺」が一七九〇年におこりました。圧倒的な武力差がありながらハワイアンを大量殺戮したことは、ハワイ諸島すべてに知れ渡り、ハワイアンの怒りと憎しみをかうことになります。

メットカーフ船長の息子が率いるフェア・アメリカン号がハワイ島沖で停泊していると、復讐に燃える首長とハワイアン戦士が夜中に船に忍び込み、船員のアイザック・デービスを残し、すべてたたき殺してしまいます。この知らせを受けたカメハメハは、その首長を称え、デービスとフェア・アメリカン号を隠すよう指示し、そのことが知られないように「しばらくは外国船に近づいてはならない」とのカプを宣しました。

メットカーフ船長は、エレノア号を率い、フェア・アメリカン号が消えたハワイ島周辺を捜しますが見つかりません。そこで、船員のジョン・ヤングを上陸させ探索させますが、何日たっても戻ってこないので、船長はあきらめてハワイを去っていきました。置いてきぼりにされたジョン・ヤングは、カメハメハに拉致されていたのです。

こうして手に入れた西洋船と二人の船員はカメハメハの大きな力となっていきます。拉致されたデービスとヤングは共に英国人で、何度も逃亡を企てますが、その都度捕まります。カメハメハは二人に立派な住まい、家来、妻をあたえ、ハワイアン兵士に銃の扱いと西洋式の訓練を頼みます。逃げられないことを悟った二人は、石器時代の暮らしに耐え、カメハメハの軍事顧問となり、やがて、かけがえのない腹心の部下になっていきます。

後にカメハメハと親交を結ぶ英国艦隊のバンクーバー艦長がデービスとヤングに「故国に帰国できるようにカメハメハに頼んであげよう」と申し出ますが、二人はきっぱり断ります。それは、階級社会の英国に戻っても、下っ端の暮らししか待っていないとわかっていたこともありましょうが、何よりもカメハメハへの信用と信頼があったからなのでしょう。

二人は生涯カメハメハに尽くします。ジョン・ヤングにいたっては子供そして孫までがハワイ王国に貢献していきます。

カメハメハ、ハワイ島の王となる

一七九〇年、「カヘキリはオアフ島に居り、マウイ島にはいない」と知ったカメハメハはマウイ島に侵攻し、カヘキリの息子が率いる軍と戦います。

後にマーク・トウェインが「太平洋のヨセミテ」と称えた景勝地イアオ渓谷は血で

真っ赤に染まり、死体が渓谷のワイ（水）を、ケパニ〈せき止め〉するほどの壮絶な戦いであったので「ケパニワイの戦い」と言われます。

戦いはカメハメハ軍が優勢でしたが、ハワイ島で宿敵ケオーウアの軍がカメハメハの拠点を荒らしている、との知らせが届き、カメハメハは急ぎハワイ島へ引き返したため、決着がつかないまま終わりました。

ケオーウアはカメハメハが殺したキワラオ王の腹違いの弟で、「兄のかたきを討ちハワイ島の王になる」との思いでカメハメハと八年にわたり内戦を続けていました。そのケオーウアが、「カメハメハがマウイ島で戦をしている今が好機」と、カメハメハの拠点の村を焼き払ったり、フィシュポンドやタロイモ畑を荒らしまくっていたのです。しかし、急ぎ戻ったカメハメハがケオーウアと戦いをすることはありませんでした。ケオーウアはカメハメハの拠点を去っていたからです。

自身の拠点に引き返す途中のケオーウア軍に悲劇がおそいます。突然キラウェア火山が爆発し、多くの戦士が犠牲になったのです。

この出来事により、「火の女神ペレはカメハメハの味方なのだ」との噂が広まり、戦わずして、カメハメハに有利な状況が生まれました。

カメハメハはハワイ島の内戦を終わらせる決意をします。ケパニワイの戦いで多くの戦士を失くしたカメハメハは、戦をしないでケオーウアを倒す作戦をたてます。

カメハメハは、拠点としていたハワイ島北部のコハラに大きなヘイアウ（神殿）を築き、ケオーウアに「神の前で、内戦の終結に向け話し合いをしよう」ともちかけます。九年に及ぶ内戦に疲れ、不利な状況にもなっていたケオーウアは、この申し出を受けました。

カヌー軍団でやってきて上陸したケオーウアを真っ先に殺し、海上のカヌー軍団に一斉に銃を発砲します。西洋の武器と西洋式の訓練がされたカメハメハ軍の前では、ひとたまりもありません。

ケオーウアの死体を、できたばかりの神殿に丁重に捧げ、カメハメハは再びハワイ島の王であることを宣しました。一七九一年のことです。

カメハメハとカヘキリの戦い

同じ年、「カメハメハは名実ともハワイ島の王になったが、まだハワイ島の混乱は終わってはいない」と判断したカヘキリは、ハワイ島に侵攻します。

ハワイ島の景勝地ワイピオ渓谷の北にあるワイマヌ沖での海戦は、初めてハワイアン同士が西洋の大砲や銃を使った壮絶な戦いとなります。

カヘキリ軍にはメア・アマラという名の西洋人狙撃手が、一方のカメハメハ軍にはアイザック・デービスとジョン・ヤングがいます。西欧の武器と戦術を駆使しての戦いは、ケプ（銃）で撃たれた戦士の血がワイマヌ渓谷のワハ（口）をウラウラ（赤）に染めたほどの壮絶な戦いであったため「ケプワハウラウラの戦い」と呼ばれます。

これほどの激戦にもかかわらず決着がつかないまま、カヘキリ軍はマウイ島へと戻っていきました。

実力を認め合うカメハメハとカヘキリは、それぞれ力を蓄え決戦に備えます。

カヘキリは英国人の毛皮と武器の商人、ブラウン船長と親交を深めていきます。

ブラウン船長はオアフ島のホノルルが素晴らしい天然の港であることを知り、ここを拠点として活動していました。

ホノルルが良港であることが知れ渡ると、北アメリカで捕獲したラッコやキツネの毛皮を中国に持ち込んで売りさばく、毛皮貿易船が次々にハワイにやってきます。ハワイが絶好の中継基地だからです。

ホノルルに寄港した貿易船は、水や食料を仕入れたり船の補修をしたりします。西洋船が数多く訪れるようになると、酒場やホテルや事務所もできていき、ホノルルは一大港町となっていきます。情報や物資が集まるホノルルを支配下におくカヘキリが、圧倒的に有利な立場になりました。

一方のカメハメハは、英国海軍のバンクーバー艦長と親しくなります。バンクーバーは西洋や太平洋の情報をカメハメハに伝え、牛、やぎ、羊などをプレゼントしました。

カメハメハは、「英国は王が支配する国、米国は民衆が支配する国」と知り、英国への憧れを強くしていきます。バンクーバーは三度ハワイを訪れますが、その都度カメハメハに贈り物をし、さまざまな情報をカメハメハに伝えました。

バンクーバーがカメハメハに近づいたのは、拉致された英国人二人が信頼して仕える、カメハメハの人間的な魅力だけではありません。太平洋の真ん中に位置し、北米とアジアの中継基地としてふさわしいハワイを英国領とすることを目論んでいたのです。

実際に、そのことを本国に進言をしましたが、当時のヨーロッパはフランス革命の混乱期にあり、英国はハワイに関心をもつ余裕がありませんでした。

歴史に、もし、はありませんが、もしフランス革命がなかったなら、ハワイは英国領になっていたかもしれません。

カメハメハ、ハワイ諸島最強となる

カヘキリとカメハメハそれぞれが、西欧の武器と情報を仕入れ、にらみ合いが続いていく中、意外な形で争いは決着します。

一七九四年、二十歳はカメハメハより年上であろうカヘキリが高齢で亡くなったのです。偉大な王が亡くなると、その後、混乱がおきるのは世の常です。

カヘキリは、「我が亡きあとは、我が子カラニクプレがオアフ王となり、我が弟がマウイ王となり、協力してカメハメハを倒すように」と遺言します。しかし、葬儀がすむと間もなく両者の争いがおき、カラニクプレは叔父を殺し、オアフ島とマウイ島を支配下におきました。

カメハメハが混乱に乗じて攻めてくるのを察し、カラニクプレは強大な武器を手に入れようとします。カヘキリと親交があったブラウン船長の船と武器を我が物にしようとしたのです。

ブラウン船長と指揮官を殺すことには成功しますが、残された船員たちが、カラニクプレに従うとみせかけ、密かに夜中に船を出航し、ハワイから去っていきました。

カラニクプレは船と武器が手に入らなかっただけでなく、ブラウン船長を殺したことで、ホノルルにいる西洋人たちの信用も失くしてしまいました。

武器も情報も入らなくなったカラニクプレは、もはやカメハメハのライバルではありません。

機を逃さず行動をおこしたカメハメハは、マウイ島を一気に制圧し、オアフ島へ進軍し、断崖絶壁の景勝地ヌウアヌパリにカラニクプレ軍を追い詰め、一人残らず谷底へ突き落とし勝利しました。さらに、後の争いの種をなくすために、カラニクプレや前王カヘキリにつながる首長や家族をすべて殺しました。

ここに、カメハメハは、ハワイ島、マウイ島、オアフ島を支配するハワイ諸島最強の王となったのです。一七九五年のことです。

残るはカウアイ島だけですが、全島の王である大王となるのには、なお十五年を要します。

第4章　王国の基盤を築く

カメハメハは、カヘキリ亡き後の混乱に乗じてマウイ島、オアフ島を制覇し、その勢いがあるうちにと、カウアイ島に軍を進めましたが、荒天のため、やむなく引き返します。翌年、一七九六年にもカウアイ島攻略を試みましたが、やはり、大波のため断念しました。

カウアイ島は、英語が堪能で、西洋の武器をそろえ、さまざまな情報に通じた、若くて有能なカウムアリイ王が支配していました。

「三島を手中にし、最強となった今、カウアイ島を制圧することはできよう。だが、西洋と通じるカウムアリイがどんな手を打ってくるかわからない。戦は、カヘキリのときと同じく、手間取るであろう」と判断したカメハメハは、まずは、ハワイ島、マウイ島、オアフ島を、一つの王国として安定させることに専念します。

正統な後継王キワラオを殺し、その弟ケオーウアをもだまし討ちで殺し、ハワイ島の王となり、マウイ・オアフ軍を倒したときには、敵の王や首長の一族郎党を皆殺しにしたカメハメハ。当然、うらみを抱く者がいます。

味方からも征服した土地の分配や権力の配分をめぐり、争いがおきる可能性があります。

支配下となったオアフ島のホノルルには西洋人が多く住みつき、その影響力も年々大きくなっています。

三島を支配するようになったカメハメハが、カウアイ島を強引に攻めることなく、まずは体制の充実を図ったのは賢明な選択でした。

カメハメハは次の三つの方法で、王国の基盤を築いていきます。

政略結婚

カメハメハは、ハワイ島のキワラオ王を殺し、キワラオ側の首長や家族を数多く殺しましたが、当時四歳だったキワラオの娘ケオプオラニ王女は許されました。

ケオプオラニは、決してその影が踏まれることがない、ハワイで最も高貴な血筋を受け継ぐ王女だからです。

一七九五年、三島を制しハワイ諸島最強になった三十七歳のカメハメハは、十七歳のケオプオラニに結婚を申し込みます。

当時、カメハメハには、いつも一緒にいる妻、カアフマヌがいました。カアフマヌは気が強く男まさりでカメハメハとは喧嘩が絶えず、英国艦長のバンクーバーが二人の喧嘩の仲裁をした、との記録があるほどです。しかし、二人は気が合うのでしょう。カアフマヌはカメハメハが生涯共に暮らした最愛の妻でした。

そのカアフマヌがいながら、カメハメハは自分が殺した王の娘に結婚を申し込んだのです。

気が強く嫉妬深いカアフマヌですが、これを許します。カアフマヌには子供ができなかったため、「ハワイで最も高貴な女性と結婚し子供ができれば、カメハメハ王朝は安泰になる」とのカメハメハの考えに納得したからです。

最強の王からの申し出に選択肢はなく、カメハメハの正妻となったケオプオラニは二人の王子を生み、長男はカメハメハ二世、二男はカメハメハ三世となり、カメハメハ王朝を継承していきます。

能力主義

ハワイ島、マウイ島、オアフ島を支配したカメハメハは、血筋や序列ではなく能力のある者を抜擢します。

オアフ島のガバナーには、アイザック・デービス。カメハメハに拉致されたにもかかわらず、その後カメハメハに忠誠を尽くしてきたデービスは、多くの西洋人が行き交うホノルルがあるオアフ島の統治者として最適でした。

ハワイ島のガバナーに任命した首長が殺されると、後任には、やはりカメハメハに拉致されたにもかかわらず、その後忠誠を尽くしたジョン・ヤング。ヤングは、自身だけでなく、その子供ヤング二世は内務大臣としてカメハメハ三世に仕え、孫のエマはカメハメハ四世の妻になります。

カメハメハは西洋人だけでなく、若くて有能なハワイアンを抜擢します。実務を取り仕切る首相の役割を任されたウイリアム・ピット・カラニモクです。

ウイリアム・ピットという名は、当時の英国の首相がウイリアム・ピットで、西洋人が彼をそう呼んでいたからです。

ピットは血筋のよい家柄で、カメハメハの愛妻カアフマヌのいとこでした。幼い頃からハワイ島の王の元にいたことから、カメハメハが殺したキワラオ王側でしたが、まだ少年であったピットは特別に許されます。カアフマヌの願いがあったからです。

カメハメハに養われるようになったピットは、持ち前の快活さと好奇心と利発さを発揮していきます。

カメハメハと親交があったバンクーバー艦長は、日記にピットのことを次のように記しています。

「活力があり、思慮深く、外国語も積極的に学び、頭がよく、好奇心に満ちた若者である」

英語ができ、西洋の知識や情報に通じ、外国人とも互角に渡り合えるピットをカメハメハは信頼し、首相に抜擢したのです。

カプの柔軟な運用

カメハメハがおこなう能力主義の人事に不満を抱く首長もいます。また、ホノルルには多くの西洋人が行き来しています。王国の治安を安定させることは、カメハメハの急務でした。

ハワイは厳格な身分制度とカプにより治安が保たれる社会でしたが、カメハメハはこのカプを情勢に応じてうまく利用してきました。フェア・アメリカン号を盗んだときには、「外国船に近づいてはならない」とのカプを宣し、知られないようにしました。

西洋船と物々交換がされるようになり最も武器が必要な時期には、「豚は武器以外と交換してはならない」とのカプを宣しています。

カプの効力を熟知しているカメハメハは、大きくなった王国の治安のため、カプを細かく定めていきます。カプを破ることは死を意味し、ハワイアンには効果てきめんでした。しかし、西洋人には通用しないカプが数多くあります。

国際的な港町として繁栄していたホノルルには、多くの西洋人が住みつき、酒場や宿を営んだり、貿易商社を始めたりしています。中にはハワイアン女性と結婚したり、本国から家族を呼び寄せたりして、ハワイに根を下ろす者までいました。

ホノルルは港町。酒やギャンブルや女性をめぐるトラブルは絶えません。

西洋人にカプをすべて守らせることは無理、と悟ったカメハメハは、西洋人であっても必ず守らなければならない、ママラホエカナワイと呼ばれるカプを宣しました。

「年老いた者や女性や子供が道端で寝ていても安心であるようにしなくてはならない」

とのカプが、ママラ（折れた）ホエ（パドル）カナワイ（決り）、と名づけられたのは次の言い伝えによります。

戦闘カヌーから陸に上がったカメハメハは、平民のもっているものを奪おうと追いかけますが、岩に足がはさまり動けなくなります。すると、一人の平民が、パドル（ホエ）で、それが折れる（ママラ）まで、カメハメハを殴打し、逃げていきます。負傷したカメハメハは追うことはせず、後に犯人を捜し出します。カメハメハを殴打したのは妻や子供を守るためであった、とわかり、カメハメハは自らのおこないを恥じ犯人を許します。

「個人の安心安全を犯してはならない」というこのカプは、ハワイ州憲法第九章第十号にママラホエカナワイとのタイトルで今に残っています。

ママラホエカナワイは厳格に西洋人にも適用され、港町の治安は安定しました。治安の安定によりホノルルはさらに栄えていきます。

カメハメハは、政略結婚、能力主義の人材登用、カプの柔軟な運用により、ハワイの伝統を重んじつつ、急速に進むハワイの国際化に対応できる体制を整えたのです。

第5章　カメハメハ、大王になる

カメハメハと聡明なカウムアリイ王

カウアイ島の王カウムアリイは、西洋人が「聡明で、機知に富み、英語が堪能な魅力的な王」と称え、「もし、英国艦長のバンクーバーがハワイ島でなくカウアイ島をハワイの寄港地としていれば、彼が大王になれたであろう」と言われるほどの人物でした。

西洋人から武器と情報を仕入れているカウムアリイを倒すことは、大きな代償をともなうと考え、カメハメハは十分な準備を整えていきます。

主要三島の王になった翌年の一七九六年、カメハメハは、西洋との交易の中心であるオアフ島のホノルルではなく、ハワイ島のヒロを首都とします。

その理由の一つは、正統な王を倒し王になったカメハメハを恨み狙う者たちが、まだ、ハワイ島にいたため、その勢力を一掃する必要があったからです。

もう一つは、宿敵カウムアリイが支配するカウアイ島から最も離れたハワイ島が、秘密兵器をつくるには適していたからです。一七九五年と九六年の二度にわたりカウアイ島侵攻を断念させたのは大波。それに負けない巨大なペレレウ（戦闘カヌー）をヒロ湾で建造していきます。

六年後の一八〇二年、恨みをもつ勢力を一掃し、秘密兵器を完成させたカメハメハは、ハワイ島をガバナーのジョン・ヤングにまかせ、ペレレウ船団を率いて、マウイ島のラハイナに移ります。ラハイナでは愛妻カアフマヌのために建てた西洋式の豪華な赤レンガの邸宅を宮殿としました。

ラハイナで十分な準備をしたカメハメハ率いるペレレウ船団は、一八〇三年、オアフ島のホノルルに移動します。

一八〇四年、カメハメハは、「必勝の体制が整った今が、カウムアリイを倒す時」とカウアイ島への侵攻を決断します。しかし、あきらめざるを得ない事態が発生しました。コレラと思われる伝染病がオアフ島に蔓延し、多くの命が奪われたのです。

初めての病原菌は、現代でも、鳥インフルエンザ、エボラ熱、狂牛病などで、その恐ろしさがわかりますが、ハワイアンにとって、西洋人がもちこんだコレラ、ペスト、麻疹、天然痘などは初めての病原菌です。このため、多くのハワイアンが亡くなっていきました。

コレラで大打撃を受けたカメハメハは、再び、時間をかけて準備を整えていき、一方のカウムアリイも西洋船から武器と情報を仕入れ、両者のにらみあいが、さらに、六年続きます。

カメハメハ、和解で大王となる

ハワイで商売をする西洋人にとって、治安の安定は何よりも大切です。

そこで、カメハメハともカウムアリイとも交易をしている米国商船のウィンシップ兄弟が、オアフ島のガバナー、デービスに協力します。

デービスは密かにウィンシップ兄弟の船に乗りカウアイ島に渡り、カウムアリイに、「カウアイ島での体制保証をするので、カメハメハを大王と認めていただきたい」と交渉します。

本音ではカメハメハとの戦いを避けたいカウムアリイは、デービスを信頼し、ウィンシップ兄弟の船でオアフ島に向かい、カメハメハと次の取り決めをします。

「カウムアリイは、カメハメハがカウアイ島を含むすべてのハワイ諸島の王であることを認める。カメハメハは、カウアイ島の自治を認めカウムアリイがその支配者であることを認める」

ここに、カメハメハが全島の王、大王となり、ハワイ王国が誕生しました。一八一〇年のことです。

カメハメハ側にはこの和解に反対する首長もいました。カウアイ島を攻め落とした後の土地の分配や権益を期待していたからです。そんな首長たちが歓迎の宴席でカウムアリイを毒殺しようとしましたが、デービスの機転で難を逃れたカウムアリイは、ウィンシップ兄弟の船でカウアイ島へと無事戻っていき、カウアイ島の支配者として君臨していきます。

拉致された英国人デービスの生涯

和平が実現して間もなく、デービスが突然亡くなります。毒殺されたとも言われますが、真相はやぶの中です。

三十二歳でカメハメハに拉致され、何度逃亡を試みてもすぐに捕まり、仕方なく軍事顧問をしていくうちに、バンクーバー艦長が故郷英国に連れ帰ろうとしても、それを頑として断るほど、カメハメハを信頼し仕えるようになったデービス。

ハワイアン戦士に、鉄砲や大砲の使い方、英国式軍隊の戦い方を教え、自らも戦い、カメハメハの腹心の部下になっていったデービス。

オアフ島のガバナーとして、外国人が多く住みつく港町ホノルルを見事に治めたデービス。

カウアイ王との和解の段取りをつけ、ハワイ王国の実現に重要な役割を果たしたデービス。

ファーストネーム、アイザックが発音しにくく、アイカケと呼ばれ、ハワイアンに親しまれていたデービス。

デービスのハワイでの二十年間は、拉致という不運な境遇から始まったにもかかわらず、充実したものでした。

デービスとハワイアン妻との子供は、ジョン・ヤングが引き取り育てました。ヤングはそれから十六年後に亡くなりますが、デービスの子供が自分の子供と平等に遺産を受け取れるようにと遺言しています。アロハスピリッツにあふれた、拉致された者同士の友情です。

文明国の英国から、タイムスリップしたかのような石器時代のハワイに舞い降り、一生を終えた男のものがたりです。

英傑たちの運命をわけたものは

キャプテン・クックが発見した頃、石器時代の暮らしをしていたハワイでは、四つの主要な島それぞれに王が君臨し、全島の王、大王をめぐる争いが起きていました。

クックの発見後にやってくるようになった西洋船の武器と情報を早く取り入れた王が有利になります。尾張の小大名であった織田信長が、いち早く鉄砲を取り入れて強大になったのと同じです。

カメハメハはフェア・アメリカン号を奪い、二人の英国人船員を拉致し、力をつけていきました。手段はともあれ、優れた武器や船を手に入れ、優秀な軍事顧問を迎えることは戦略として秀逸です。さらに、英国艦長バンクーバーから西洋の知識と情報をえていきました。

カメハメハより二十歳ほど年上のマウイ島の王カヘキリは、オアフ王を倒し、ハワイ諸島最強の王として大王争いの先陣をきり、西洋船から武器、情報、そして狙撃手を手に入れ、大王の座を虎視眈々と狙っていました。

カヘキリとカメハメハは海が血で染まるほどの壮絶な戦いをしましたが、勝負はつきません。両雄とも、全滅するまで戦うほど愚かではなかったからです。攻めるときは攻める、引くときは引く。高齢で亡くなるまで、カヘキリはカメハメハの前に立ちはだかる強力なライバルでした。

カウアイ島の王カウムアリイは、英語を駆使し、外国船とも渡り合える、カメハメハとは二十歳ほど年下の、聡明な王でした。ハワイ島、マウイ島、オアフ島を支配し最強となったカメハメハが、カウアイ島を攻めてくることはわかっていました。そのため、西洋船から武器と情報を仕入れ、軍を西洋式に鍛え、来るべき決戦に備えていました。

両者のにらみあいは十五年続き、カメハメハは、最後に和解をもちかけます。カウムアリイはこれを受け入れ、形式的にはカメハメハに仕えるガバナーですが、実質的にはカウアイ島の王であり続けました。

カメハメハ、カヘキリ、カウムアリイ、三人とも優れた王でありながら、なぜカメハメハが大王になれたのか。ハワイが急速に変わっていく時代にカヘキリは早く生まれすぎた。カウムアリイは遅く生まれすぎた。これに尽きます。

南の島の王様たちは、信長、秀吉、家康のように、智略に富んだ英傑だったのです。

第6章　サンダルウッドをめぐるボストン商人とロシア

カメハメハがハワイ島の王の座を争っていた一七八〇年代、北アメリカで捕獲したラッコやキツネなどの毛皮を中国で売る毛皮貿易船が太平洋を行き来していました。太平洋の真ん中に位置し、燃料となる薪、食料、水などが豊富にあるハワイは、絶好の中継基地です。ホノルルが良港であることが知れ渡ると、瞬く間に、ホノルルに西洋船が押し寄せるようになりました。

当時のハワイは戦国時代で無法地帯でしたが、はるかに優れた武器がある西洋船にハワイアンが勝てるはずがありません。圧倒的な武力差があるのに、むやみにそれを使えばうらみをかい、手段を選ばない復讐がされるのは世の常です。フェア・アメリカン号の奪取と二人の英国人アイザック・デービスとジョン・ヤングの拉致は、外国船が起こしたハワイアン大量殺人、オロワル大虐殺が原因でした。

一七九五年、カメハメハがハワイ島に次いで、マウイ島、オアフ島を支配し、ハワイ諸島最強となり、中央集権体制を築くとともに、ハワイの治安も安定します。

安心安全な暮らしを守るママラホエカナワイと呼ばれるカプはハワイアンだけでなく西洋人にも守られていました。港町ゆえの喧嘩や争いはあっても、最低限の安心安全があるホノルルには外国人も安心して住むことができ、さらに発展していきます。

毛皮貿易からサンダルウッド経済へ

デービスに協力し、カメハメハとカウムアリイとの和解の橋渡しをしたウィンシップ兄弟は、米国ボストンの船主で、北アメリカのラッコやキツネの毛皮をハワイ経由で中国にもちこんで売りさばき、中国では王族や首長たちが喜びそうな品を買い付けハワイで売り、莫大な利益をあげていました。

ウィンシップ兄弟は、中国で高価に取引されている香木がハワイに自生する木に似ていることに気づきます。試しに数本ハワイで伐採し中国に持ち込み売ってみると、思った通り高価に買い取られました。

その香木、サンダルウッド（白檀）は、仏像や高級家具として珍重される高価な貴重品でした。

ウィンシップ兄弟とボストン商人は、密かにその交易を始めましたが、ハワイに無数に自生している香木の価値を、他の西洋船が気づきはじめていることがわかり、カメハメハ大王と抜け目なく交渉をして、サンダルウッドで大儲けしようとします。しかし、カメハメハには、デービス亡きあとも、ジョン・ヤングや西洋の知識が豊富なピットがいます。交渉の末、「大王は売り上げの二五%を受け取る。ボストン商人は独占販売権を得る」というウィン・ウィンの協定が、一八一一年に結ばれました。

サンダルウッドの価値を知った大王は、「サンダルウッドは大王の所有物である。許可なく売ってはならぬ」とのカプを宣します、

サンダルウッドによりハワイ王国は豊かになっていきました。ちょうど、今の石油生産国のアラブの王様たちが豊かな生活をしているように、大王一族や首長たちは、宝石や衣装や家具だけでなく、ヨットなども所有し、贅沢三昧の暮らしを始めます。

王国の財政が豊かになると、大王は、「太平洋の島々を支配する海洋王国を築こう」との夢を抱き、外国艦船や武器を仕入れていきます。モデルは当時世界最強の海洋王国、英国です。

経済はもっぱら米国のボストン商人に依存していましたが、大王にとって王様のいない米国は金儲けの相手国でしかありません。

それで、大王は英国艦長バンクーバーから譲り受けていた英国国旗を王宮に掲げ続けていました。

カウアイ島にひるがえるロシア国旗

一八一二年米英戦争がおこります。この戦争の主な戦場は、ハワイからはるか離れた大西洋沖や五大湖周辺などでしたが、ハワイ王国にも影響がでてきます。当時最強の海軍を有する英国からの攻撃を恐れ、米国国旗を掲げた商船が太平洋を航行しなくなったのです。

しかし、商売には抜け道があります。米国商人ウィンシップ兄弟は、ロシア国旗を掲げ、今まで通りの商売を続けていました。

ロシアは一七九九年アラスカを領有し、国策太平洋貿易会社(露米会社)をつくり、太平洋に進出してきました。そのロシア国策会社に雇われた形で、ウィンシップ兄弟は商売を続けたのです。ロシアはこれにより相応の利益を上げただけでなく、サンダルウッドに重大な関心を持つようになります。

米英戦争が終わる一八一五年、カウアイ島でロシア船が座礁し、乗組員や積み荷の毛皮が島に残されます。ロシア国策会社はこれを取り戻そうと、あわよくば、カウアイ島のサンダルウッドの独占販売権を得ようと、シェーファーをハワイに派遣します。シェーファーは英語に堪能なドイツ人で、医師としてロシア国策会社に雇われていました。

一八一五年、ハワイにやってきたシェーファーはカメハメハに接見し、「私は植物学者です。ハワイの植物の調査をさせていただきたい」と願い、それが許されるとサンダルウッドの生育状況を調べつつ大王に近づいていきます。

ヤング、ピット、ボストン商人たちは、「シェーファーは植物学者を装っているだけではないか」と警戒感を抱いていました、しかし、シェーファーが大王の愛妻カアフマヌの病気を治したことから、ホノルルの一等地に土地を譲ってもらうほどの信頼を大王から得るようになります。

大王の信任を得たものの、ヤング、ピット、ボストン商人により正体を見破られることを怖れ、シェーファーはカウアイ島へ急ぎ向かいます。

カウアイ島に着いたシェーファーは、ガバナーのカウムアリイに接見し、「実は、私は植物学者ではなく、ロシア国策会社の使者です。座礁したロシア船の乗組員と積み荷を、すみやかに、無償で、返していただきたい」と申し出ます。シェーファーの思惑は、

「乗組員の引き渡しに応じても、積み荷はただでは返してくれないであろう。それなら、カウアイ島のサンダルウッドの独占販売権を得よう」でした。

しかし、聡明なカウウムアリイは、乗組員と積み荷を無償で返すことに応じただけでなく、シェーファーを手厚く歓迎しました。

和解により、カメハメハが大王になることを認めたものの、カウムアリイは、自らが大王となることをあきらめていませんでした。それで、シェーファーに、「サンダルウッドの独占販売権だけでなく、島の土地も与えよう。ロシアが、我が大王となるのを支えてくれればだが」と申し出ます。シェーファーは、「ロシアの力でカウムアリイを大王にすれば、ハワイ全島のサンダルウッドが独占できるだけでなく、太平洋のど真中に、ロシアの基地を得ることができる」と思い描き、このことをロシア国策会社に報告し、カウムアリイから与えられた三カ所の土地に、八角形の星型要塞を築いていきました。

その一つ、ワイメアのロシア要塞跡には、今もロシア国旗がはためいています。

一件落着

ロシア国策会社がシェーファーからの報告をロシア帝国に伝えると、ロシアは、「米国と英国が後ろ盾となっているハワイ王国を攻撃すれば、米英との戦争になるのでは」と消極的でしたが、ロシア艦船をハワイ王国に派遣し、艦長に全権を委ねることにしました。

このことを知らないシェーファーは、ロシア艦船がハワイに近づいている、と聞き、小躍りしますが、ハワイに着いたロシア帝国艦長のコズロフは、「今、米英との争いになるのは得策ではない」と判断し、カメハメハに、「カウアイ島に築いているロシア要塞は、シェーファーが勝手にやっていることで、ロシア帝国とは何の関わりもありません」と申し開きをし、カウアイ島に寄ることなく、ハワイを去っていきました。

このことを伝え聞いたカウムアリイは即座に行動を起こし、シェーファーを捕え、カメハメハに差し出そうとします。しかし、身の危険を察したシェーファーは古びた船でカウアイ島を脱出し、オアフ島沖までいき、そこで、病を治した恩義がある米国人船長の船に乗り換え、広東へと逃れて行きました。

ようやく安定したハワイ王国を再び混乱させたくないカメハメハは、カウムアリイに野望があったことを知っていながら、知らないふりをよそおい、「すべてはシェーファーが勝手にしたこと」と、これまで通り、カウムアリイがカウアイ島の支配者であることを容認しました。

カメハメハの懐が深い人間味を示す事態の収め方です。

ハワイ王国旗の制定

米英戦争が始まると、大王はボストン商人に配慮して、米国旗を王宮に掲げたこともありましたが、反対があり、すぐに下ろしました。

旗の重要性を知ったカメハメハ大王は一八一六年、王国旗を制定します。それは左上の四分の一は英国国旗のユニオンジャック、残りの四分の三は米国国旗に模したストライプ（横縞）でした。英国と米国の二大強国に配慮したかのような図柄が国旗となったのです。

制作された王国旗のストライプの数は七本であったり九本であったり一定していませんでしたが、一八四五年カメハメハ三世がハワイ八島を表す八本と定めました。その王国旗は、ハワイ州旗として今に受け継がれ、最高裁判所や歴史遺産などに掲げられています。

第7章　ボストンからやってきた若者、パーカー

パーカー、ハワイへ

一八〇九年、一人の若者がハワイに降り立ちます。名はジョン・パーカー。

当時、米国の最大の貿易港ボストンで生まれ、世界を行き交う船をながめながら育ったパーカーは、海外にあこがれを抱いていました。

十九歳になったパーカーは、ボストンからハワイに向かう商船に、小間使いとして乗り込みます。

商船の目的はハワイでサンダルウッドを仕入れ中国で売ることです。

ハワイまでは三カ月もかかる長旅。南米の先端にあるホーン岬の荒波を乗り越え、船は無事到着します。

ホノルルに降り立ったパーカーは、その港町のにぎわいに驚くとともに、がっかりします。エキゾチックな南の島を期待していたからです。ホノルルでは英語が共通語。ドルが使え、ホテルも酒場もボストンと大差ありません。ホノルルは太平洋のど真ん中の国際都市でした。

異国情緒への期待ははずれましたが、貿易風のおかげで南国特有の蒸し暑さがない爽やかな気候。アロハスピリッツに満ちたハワイアンたち。治安も良好です。すっかり気に入ったパーカーはここにしばらく住むことを決め、船が出港する日、雲隠れします。小間使い一人いなくても何の不自由もありません。船は、パーカーを置いてきぼりにして港を離れていきました。

ハワイに残ったもののパーカーにはお金がありません。しかし、アロハスピリッツに満ちたハワイアンたちは、文無しの若者を受け入れてくれ、パーカーは自然にハワイ語を身に着けていきました。

パーカー、大王のおかかえに

国際都市ホノルルで、英語とハワイ語のバイリンガルは大切な人材です。通訳として、やがて仲買人として評判を上げていくパーカーのうわさを耳にしたカメハメハは、パーカーを呼びつけ、接見をします。

ハワイ語を流暢に話し、快活で、機知に富んだパーカーをすっかり気に入り、大王のおかかえとしました。

大王に見込まれたパーカーは、大王の側近として何不自由のない生活をしていましたが、ホノルルに行き交う貿易船に、「見知らぬ世界を知りたい」との少年時代の想いがよみがえります。そこで、大王に、「私はハワイが大好きです。今の生活にも満足しています。しかし、私はまだ若い。もっと世界を知りたいのです。中国に行くことを許していただきたい」と申し出ます。

大王は、「世界を見て回りたい想いは我も同じだ。だが、王が国を離れるわけにはいかぬ」と述べ、パーカーの願いを許しました。

パーカーと最新のマスケット銃

パーカーを乗せた米国の商船がホノルルを出航して間もなく、米英戦争が始まります。何とか無事に到着した中国の広東は、英国との関係が密接であったため、船は、戦争が終結するまでの三年間、拘束されてしまいました。

船が拘束されても民間人の行動は自由なので、好奇心旺盛なパーカーは初めての中国の町を見て回ります。世界有数の貿易港である広東にはあらゆるものがあふれていました。最新のマスケット銃もその一つです。ハワイに戻ることがあれば、それを大王への土産にしようと、買い付けました。

米英戦争が終わり、ようやくハワイに戻ったパーカーは大王に接見します。

「思わぬ長居を広東でしてしまいましたが、そこで、良いものを見つけました」

「何であるか、それは」

「最新のマスケット銃です」

大王はすぐさまそれを実演させ、その威力に驚きます。

「今、ハワイ島では野生の牛が何百頭もおり、それが村を荒らして平民が困っている。その銃をもって牛を静かにさせてくれ」

西洋人がくるまでのハワイには、食用肉は鶏と豚と犬だけでした。牛はカメハメハがハワイ島の王の頃、英国海軍の艦長バンクーバーから贈られたものでした。

バンクーバーは牛だけでなく羊やヤギも贈呈していますが、ハワイの原野に放たれた羊とヤギは、ハワイアンが捕獲し食べてしまい、絶滅してしまいました。そこで、カメハメハは「牛を捕えたり、殺したり、食べてはならぬ」とのカプを宣していました。カプの威力は絶大で、バンクーバーから贈られた五頭の牛は瞬く間に増えていき、二十年ほどたったこの頃、何百頭にもなっていました。江戸時代の綱吉の〈生類憐みの令〉により、お犬様が傍若無人となったように、大王のカプで守られた大きな牛が自由気ままに村に出没し、ハワイアンを困らせていたのです。

ビーフジャーキーとパーカー牧場

カメハメハの命を受けたパーカーは、大きな音がするマスケット銃で牛たちを脅し、囲いの中に取り込んでいきます。

囲いに取り込んだことで、ハワイアンへの迷惑はなくなりますが、牛は増えていきます。そこで、パーカーは大王に提案します。

「ビーフジャーキーをつくらせていただきたい」

「何か、それは」

「乾燥牛肉で、外国船の船乗りたちがよく食べているものです。大王も食されたことがあると存じますが」

「ああ、あの固くて、しょっぱいものか」

「その通りです。それをつくれば、外国船に飛ぶように売れると思います」

「良い考えじゃ。早速、牛を殺してはならぬ、とのカプは廃止しよう」

パーカーが始めたビーフジャーキー事業は大成功で、サンダルウッドに次ぐ産業に育っていきました。

パーカーの活躍に感心した大王は、

「そなたも、もう若者とはいえない。そろそろ落ち着いたらどうか。よい娘を紹介しよう」

「気候もよく、アロハスピリッツに満ちたこの王国で暮らしていきたいと存じます。宜しくお願いします」

「それでは、我がひ孫を紹介しよう」

パーカーは、大王のひ孫のキピカネの美しさと人柄にすっかり魅了され、結婚し、家族をもうけます。王家とのつながりができた牧場ビジネスはますます発展していき、
パーカー亡き後も、キピカネとの間にできた子、孫、ひ孫と牧場は発展し続けていきました。

パーカーの血筋を受け継ぐ第六代のリチャード・スマートは、一九九二年、それまで個人所有であった牧場を『パーカー牧場財団』とします。財団の目的は、牧場からの収益をハワイアンの教育やヘルスケアに使うことです。

会社組織ではなく財団となったところに、アロハスピリッツをこよなく愛した、初代パーカーの思いが伝わってきます。

今、パーカー牧場は、一万頭を超える牛が放牧されている全米でも屈指の規模を誇る大牧場です。

南の島でありながら雪が降るマウナケアのふもとに広がる広大なパーカー牧場は、ハワイ島の観光名所としていつもにぎわっています。

第8章　愛妻カアフマヌと正妻ケオプオラニ

カメハメハには二一人の妻と多くの愛人がおり、六十人ほど子供がいたとされます。その中で、カメハメハに大きな影響を与えた女性は二人。最愛の妻カアフマヌと正妻のケオプオラニです。

愛妻カアフマヌ

カアフマヌがいつ、どこで生まれたかは正確にはわかりませんが、「カアフマヌは、一七六八年にマウイ島で生まれ、母親（ナマハナ）はマウイ王カヘキリの腹違いの妹、父親はハワイ島の首長（ケエエアウモク）で、ケエエアウモクとカヘキリが敵対するようになったため、ハワイ島で育っていった」との説が有力です。

負けず嫌いで、活発な少女に育ったカアフカアフマヌに出会ったカメハメハは、共にサーフィンを楽しんでいるうちに、カアフマヌをすっかり気に入り、結婚の約束をします。カアフマヌ十歳、カメハメハ二十歳の頃でした。

当時のハワイでは小太りで健康的な女性が美人ですが、カアフマヌはそれに加え、好奇心旺盛でスポーツ万能、明るく、気が強い女性でした。

一七九〇年、カメハメハはマウイ島での戦いに、二十二歳になった妻、カアフマヌを連れていきます。すっかり美しくなったカアフマヌを残しておくのが心配だったからですが、活発なカアフマヌは、自ら戦いに加わり大活躍しました。

いつも一緒で、かけがえのない妻カアフマヌが、その旺盛な好奇心ゆえに、浮気しはせぬかと心配したカメハメハは、「成人の男はカアフマヌに近づいてはならない」とのカプを宣します。その一方で、カメハメハ自身は、浮気をしたり、他の女性を妻にしたりします。きわめつきは、カアフマヌの妹を妻にしたことです。これにはカアフマヌも我慢ができず、首長の一人と浮気をします。それを知ったカメハメハは、その首長をカプ破りの罪で殺してしまいました。

そんなことが重なり、二人は喧嘩ばかり。バンクーバー艦長が二人の喧嘩の仲直りをさせた、との記録があったり、カメハメハから逃げたカアフマヌが隠れたとされる岩が、史跡として残っていたりします。

喧嘩ばかりでも、気が合い、憎らしいほど好き同士であった二人は、生涯連れ添い、支え合っていきます。

バンクーバー艦長とも親しく、西洋にも通じ、戦の現実を知り尽くしているカアフマヌは、カメハメハの最も信頼のおけるパートナーでした。ただ、カアフマヌに子供ができないことが気がかりでした。

正妻ケオプオラニ

一七八二年、父、キワラオ王が殺されると、四歳のケオプオラニ王女は祖母、母とともにマウイ島に逃れます。祖母がマウイ王カヘキリと血筋がつながっていたからです。カメハメハはキワラオ王側の首長や家族をほとんど殺しますが、ケオプオラニが祖母と母に守られてマウイ島へ逃亡するのを、見て見ぬふりをします。ケオプオラニがハワイで最高ランクの血筋を受け継ぎ、神に最も近い存在だったからです。

一七九〇年、カメハメハがマウイ島を攻撃したときには、ケオプオラニは祖母と母と共にモロカイ島へ逃れます。この時もカメハメハは見て見ぬふりをします。

マウイ島への攻撃は、ハワイ島での政情のため、結着はつきませんでしたが、それが収まると、カメハメハは、軍団を組みモロカイ島へ出向き、「是非とも、王族としてハワイ島に戻っていただきたい」と丁重に懇願をします。

高貴な血筋の祖母カロラは病に冒されていました。養母としてカメハメハを少年時代から知るカロラは、カメハメハを信頼し、「私が亡くなったら、娘と孫のケオプオラニをハワイ島へ連れ帰ってもよい」と語り、間もなく息を引き取りました。

こうしてハワイ島へ戻ったケオプオラニは、神に最も近い王女として、最高のもてなしを受けます。バンクーバー艦長の日記にも、ケオプオラニを称えるフラとメレの壮大さが記録されているほどです。

一七九五年、カヘキリ亡き後の混乱に乗じてオアフ島へ攻め込む時、カメハメハはケオプオラニを連れていきます。神に近い存在のケオプオラニがカメハメハに寄り添っているのを見かけたオアフ軍は委縮してしまいます。一気呵成にオアフ軍をヌウアヌパリに追い詰め、絶壁からすべての戦士を突き落とし、ハワイ諸島最強となったカメハメハは、十七歳になっていたケオプオラニに、「正妻になっていただきたい」と丁重に申し込みます。神に最も近い女性を妻とし、子供が生まれれば、カメハメハ王朝は安泰となるからです。

ケオプオラニに選択肢はありません。断ればどのような運命が待ち受けているかわかっていたからです。

正妻となったケオプオラニは、一七九七年に長男のリホリホ、後のカメハメハ二世を産みます。これによりカメハメハは揺るぎない力を得ます。

カメハメハとケオプオラニには九人の子供ができますが、育ったのは、リホリホ（後のカメハメハ二世）、カウイケアオウリ（後のカメハメハ三世）、娘のナヒエナエナです。

ケオプオラニとの結婚により、五代続くカメハメハ王朝の礎が築かれましたが、父親殺しで、カアフマヌという愛妻がいるカメハメハを夫にしたケオプラニの気持ちはどうだったでしょうか。

神に最も近い存在であるケオプオラニの影を踏むことはカプでした。そのために人々が罰せられることを嫌うケオプオラニは、幼いころから、太陽の出ている間は外に出ようとしませんでした。

そんな優しさがあるケオプオラニは、「戦国時代が早く終わり、ハワイアンに平穏な生活が戻りますように」と願い結婚生活を続け、子供ができてからは、我が子の健やかな成長を支えに自らの運命に従っていたのでしょう。

後にキリスト教宣教団がやってくると、それを後押しし、自らも敬虔なキリスト教徒となったケオプオラニは、そこに救いと安らぎを得ようとしたのかもしれません。

再びカアフマヌ

カメハメハは、リホリホ（後のカメハメハ二世）の育ての親をカアフマヌにします。共に戦いに明け暮れてきたカアフマヌに、リホリホを王としてふさわしい人物に育ててもらいたい、との思いがあったからでしょう。また、こうすることで、最愛の妻カアフマヌが、自分が亡くなった後も、カメハメハ二世の後見人として王国を守ってくれるであろう、との思いもあったに違いありません。

事実、カメハメハ亡き後、カアフマヌはカメハメハ二世の摂政として実権を持ち、ハワイに一大変革をもたらします。

第9章　明けの明星だけが知っている

『カアフマヌ号』の教訓

カメハメハは、一八一二年、首都をホノルルから故郷ハワイ島のカイルアコナに移します。

故郷に戻っても、ハワイを一大海洋王国にしたい、との夢はふくらみ、「王国が直接サンダルウッドを中国で売り、財政をより豊かにしよう」とカメハメハは目論みます。

商船を買い、ハワイアンを訓練し『カアフマヌ号』と名づけられた王国の船は、サンダルウッドを満載し中国へと出航しました。

結果は大失敗です。

西洋との取引には慣れていましたが、中国とは初めてで、いいようにあやつられてしまったからです。また、港には入港料や係留料がかかることも知りませんでした。交渉が手間取り、長く係留したことにより思わぬ出費がかさみ、もうけるどころではなくなってしまったのです。

この『カアフマヌ号』での経験から大王は二つの決断をします。日本でいう〈餅は餅屋〉で、「サンダルウッドの商売はその道のプロにまかせ、売り上げの二五％のコミッションを間違いなく取り立てよう」、「ハワイの港でも入港税と係留料をとろう」でした。

サンダルウッドのコミッション、入港税と係留料、さらにはパーカーが始めたビーフ・ジャーキーにより、王国の財政はさらに豊かになっていきます。しかし、行く手には暗雲が立ち込めていました。

大王は「若いサンダルウッドは切ってはならぬ」とのカプを宣していました。しかし、中国語でホノルルは檀香山（白檀〈サンダルウッド〉香る山）と名づけられるほど、豊富にあったサンダルウッドが、山奥に行かなければとれなくなっていました。そして、西洋人がもちこんだ病気による人口減少がさらにすすんでいました。

殉死してはならぬ

高齢となったカメハメハ。政治経済の中心のホノルルからカイルアコナに移ってからも、パーカーの牧場ビジネスを見守ったり、シェーファーの野望でやってきたロシア艦長のコズロフと会見したりと、忙しく暮らしていましたが、大王の地位は盤石です。宮殿の敷地に建てた、豊穣の神ロノを祀るヘイアウで王国の繁栄を祈り、大好きな魚獲りをする、生涯で最も穏やかな日々を送っていました。

カメハメハの一抹の不安は、後継王になる、戦いを知らず酒好きのリホリホです。それで、大王は「我が亡き後はリホリホが国王となり国を治め、甥のケクアオカラニは戦いの神を守りリホリホを補佐せよ」と宣言しました。

一八一九年になると、カメハメハの体力は急速に衰え、死が迫っていると覚悟します。神官が、「病魔をなだめるために、人身御供をされては」と申し出ると、「それはならぬ」と答え、「わが亡き後、共に死地へむかう（殉死）ことはならぬ」とのカプを宣しました。

一八一九年五月八日、大王が逝去します。

大王が息を引き取ると、リホリホは静かにその場所を離れます。死によりその場がけがれているので、それが清められるまで、後継王はその場を離れるしきたりだったからです。

大王の死を知ったハワイアンは悲しみのあまり、歯を叩き折ったり、体を切りきざんだりする者もいました。しかし、大王の最後のカプ、「殉死してはならぬ」は守られました。

お墓がないカメハメハ大王

偉大な王の遺骨は、神聖な力（マナ）を授けてくれると信じられており、それが盗まれることを避けるために、フナケレ（秘密の場所に隠す）の慣習がありました。

神殿で何日もかけ火葬された遺体からきれいに取り出された大王の遺骨は、フナケレに従い、信頼する部下により、密かに、誰にもわからない場所に隠し置かれました。

大潮の干潮の時にだけ姿を現す洞窟に安置された、との言い伝えがありますが、今に至るまで誰も見つけることはできません。

ハワイ王国には八人の王がいますが、お墓がないのはカメハメハ大王だけです。

「明けの明星だけが大王の居場所を知っている」との言い伝えがあります。明けの明星は金星。お墓はなくとも、ハワイに黄金色の光をもたらした、「その名も偉大なカメハメハ大王」として、ハワイアンの心に残り続けていきます。

大王亡き後の半年

カメハメハが生前「リホリホは王となり国を治め、甥のケクアオカラニは戦いの神を守りリホリホを補佐せよ」と宣していたことは、リホリホの産みの親ケオプオラニには心配の種でした。「我が父キワラオは、先王の遺言通り王となったが、戦いの神を守ることとなったカメハメハに殺された。同じことがおこらないか」と考えたからです。リホリホの育ての親カアフマヌにとっても同じ思いです。戦いを知らず、贅沢ざんまいに育ってきたリホリホの統治能力にも不安があります。

大王の遺骨が明けの明星だけが知っている場所に安置された後、リホリホはカイルアコナの宮殿で、王の就任式に臨みます。格式のある西洋の軍服に、黄色の羽毛に赤の羽毛の模様があるマントをかけた、威厳のある姿でした。

同じように羽毛のマントを羽織った威厳のある姿のカアフマヌが隣に立ち、こう宣します。

「リホリホが王となるが、大王の意思として、私が摂政となり、王と共に国を治めていく」

カメハメハが本当にそう言い残したかは謎ですが、新王リホリホと生みの親ケオプオラニが黙認しているなか、カアフマヌの政治参加が決まりました。

六カ月後の十一月、大王亡き後の初めての宴が、王族、首長、外国人を招き王宮でおこなわれました。

宴に現れたカメハメハ二世は、実母ケオプオラニと養母カアフマヌのいる席に座り、共に食事をしました。

これは大事件です。

「男と女が共に食事をしてはならぬ」とのカプを、王自らが破ったのですから。

当時のハワイではカプは絶対で、それを破ることは死を意味します。それを承知で、ケオプオラニの了解をとり、リホリホを説得し、王自らにカプ破りをさせたカアフマヌは、さらに、戦いの神を祀る神殿を打ち壊していきます。

戦いの神を祀る役に付いたケクアオカラニは怒り狂い、兵を集め反乱をおこします。

これをカアフマヌは待っていたのです。大王と常に共にあり、戦略に勝るカアフマヌは、瞬く間にケクアオカラニに勝利します。

不安の種が摘み取られ、順調にカメハメハ二世の時代が始まりますが、ヨットを買ったりして贅沢三昧の生活をする二世を支え、カアフマヌが摂政として、国を治めていきます。

第10章　五代続いたカメハメハ王朝

カメハメハ二世の時代

一八一九年、カメハメハ二世自らが、生みの母と育ての母と共に食事をし、「男と女が一緒に食事をしてはならない」とのカプを破ったことから、カプ制度は崩壊していきます。しかし、それでハワイ社会の秩序が乱れることはありません。王、首長、平民の身分制度は明確でしたし、大王が宣したママラホエカナワイと呼ばれるカプ、「年老いた者や女性や子供が道端で寝ていても安心であるようにしなければならない」だけは、外国人、ハワイアンを問わず守られていたからです。

どのみち外国船上では、ハワイアンも男女同席で食事をするだけでなく、「女性は豚やバナナを食べてはならない」とのカプも守られてはいなかったのです。

カプが廃止された翌年の一八二〇年、ハワイ社会を一変させる船がハワイ島のカイルアコナにやってきました。「教会や学校をつくり、未開の人たちをクリスチャン文明の高みに導くように」とのミッションで、ボストンからやってきた清教徒の一団です。

酒好き遊び好きの二世は、清らかな生活を尊ぶ清教徒に何の関心も示しませんでしたが、摂政のカアフマヌは、自身の病を治してもらったことをきっかけに、その活動を支えていきます。

二世の生母ケオプオラニは、清教徒たちを支えるだけでなく、いち早く敬虔な信者となります。父親殺しのカメハメハの正妻になったけれど、カメハメハの愛妻はカアフマヌであり続け、カメハメハ亡き後は、二世のために政治の実権をカアフマヌに託したケオプオラニ。その心のよりどころを求めていたのでしょう。

カアフマヌとケオプオラニの支持のもと、教会が次々と建っていき、キリスト教は一気にハワイ社会に広がり、キリスト教の教えが、カプの役割を果たすようになっていきます。

宣教師たちは、ハワイアンを文明の高みへ導こうと、アルファベットをもとにしたハワイ語の文字を考案し、持参した印刷機でハワイ語の新聞や聖書を発行し、ハワイ語で教える学校をつくり、ハワイ社会に溶け込んでいきます。

国の安定に大切なのは内政だけではありません。ハワイ王国が独立した国として、英国、米国、フランスなどから認められることが差し迫った課題でした。そこで、カメハメハ二世は英国王ジョージ四世と接見すべくロンドンに向かいます。ところが、ロンドンに到着後まもなく、二世は麻疹にかかり、同行した妻と共に、あっけなく亡くなってしまいます。一八二四年、二十六歳でした。

同行したハワイアンのボキが交渉を進めた結果、ハワイに英国領事が赴任することになりました。領事の存在は暗黙にハワイを国として認めていることであり、当時の世界最強国のこの対応は他国にも影響をあたえました。そして、一八四〇年代、カメハメハ三世の時代に、諸外国がハワイ王国を正式に独立国家と認めていく、大きな一歩となりました。

カメハメハ三世の時代

一八二五年、二世に子供がいなかったので、弟がカメハメハ三世に即位しました。三世は即位当時十二歳だったので、摂政のカアフマヌが、引き続き、王国を支えていきます。

カアフマヌにより王国は安泰でしたが、大王の最後の頃に立ち込めていた暗雲が現実になっていきます。止まることがない人口減と、サンダルウッドが、乱獲により、一八三〇年頃にはまったく採れなくなったことです。

二世や王族はサンダルウッドの後払いでヨットなどの贅沢品を購入していたため、採れなくなったサンダルウッドの肩代わりとして膨大な借金を王国が背負うことになりました。

一八三二年、カアフマヌは、ハワイ語で初めて印刷された聖書を抱き、永眠しました。サンダルウッドの絶滅による巨大な財政赤字と人口減のため、一大海洋王国を築く、という大王の夢を受け継ぐことはできませんでしたが、カアフマヌの洗礼名はエリザベス。大英帝国の女王にあこがれていたのでしょう。

王国の財政は火の車でしたが、サンダルウッドに代わり王国の経済を支える船団がハワイに数多く寄港するようになっていました。捕鯨船団です。

十九世紀の後半まで、明かりはランプ頼り。その燃料は動物油、植物油が主流でした。クジラは哺乳類で体温調節が必要なため大量の皮下脂肪があり、そこからとれる油は貴重な資源でした。

資源確保を目的とした捕鯨は凄惨なものでした。クジラをモリや鉄砲で殺し、船に引き上げ、皮下脂肪部分とクジラひげ（プラスチックがない時代、伸縮材として貴重でした）だけを切り取り、残りはすべて海に捨てます。皮下脂肪部分を船上の大きな釜にいれ、薪を焚き水分を飛ばし、油を抽出します。船上は血にまみれ、悪臭に満ちています。クジラとの格闘で犠牲者もでます。まさにメルヴィルの小説『白鯨』の世界でした。

西洋各国の捕鯨船団は、大西洋の鯨が乱獲により数が少なくなると、南米の先端を回り太平洋へと進出していきます。そして、一八二〇年代に、ハワイにまで捕鯨船がやってくるようになったのです。その中心はボストン近郊の港を出て、数カ月かけてハワイにやってくる米国の捕鯨船団でした。

港の機能が整い、船上の釜炊きに必要な大量の薪、食料、水などが豊富で、治安もよいハワイは絶好の場所です。捕鯨船団は数年間、本国に帰ることなく捕鯨をおこない、一年に二回ある漁期以外はハワイに留まり、船の修理などをしました。

船員相手の商売や船の補修業が盛んになり、鯨油と鯨ひげを扱う商社が生まれ、それを本国に運ぶ商船も来航しました。こうして、オアフ島のホノルルだけでなく、マウイ島のラハイナも一大国際商業都市となっていきました。

西洋船が頻繁に行き交い、西洋人が住みつくハワイにとって、近代化は差し迫った課題となりましたが、三世は、見事にやりとげました。

＊権利の宣言、そして、憲法を定め、立憲君主国の形を整える。
＊西洋人には野蛮とみられていた儀礼や儀式を一八一四〜一五年のウイーン会議の様式にする。
＊宣教師が文字を考案し根づかせてくれた教育を、ロイヤルスクールを設立したり、小学校を義務教育にしたりして、充実する。

立憲君主国となり、五つの大臣ポストが置かれますが、初代の内務大臣はジョン・ヤング二世。拉致されたにもかかわらず大王に仕えたジョン・ヤングとハワイアン妻にできた息子です。

教育の充実により、ハワイアンのほとんどが文字を読めるようになります。十九世紀半ばでそんなに識字率が高い国はほとんどありません。

捕鯨で経済が持ち直し、立憲君主国の形も整い、諸外国から独立国家として認められ、教育の充実によりハワイアンの能力も高まりましたが、三世には心配事がありました。

ハワイアンの人口減が止まらないことと、住みついていく米国商人たちの力が増していくことです。

三世は「ハワイアンの、ハワイアンによる、ハワイアンのための王国」を目指していましたが、その望みがかなわぬまま、一八五四年、急逝します。四十二歳でした。

カメハメハ四世の時代

三世の後を継いだのは三世の養子です。三世には子供がいなかったので、大王の血筋がある三人を養子としていましたが、三世が指名した二十一歳の次男がカメハメハ四世に即位しました。

四世は米国嫌いで、英国にあこがれていました。それは、四世が十五歳の頃、兄と共に米国と英国を訪問した折に、米国では車掌や執事から黒人とみなされ、人種差別を経験する一方、英国ではビクトリア女王から王子としてふさわしい扱いを受け、アルバート王子とも親しくなったからです。

四世の妻エマは、拉致されたにもかかわらず大王の腹心の部下となったジョン・ヤングの孫です。その祖父だけでなく養父も英国人のためなのか、エマもまた英国にあこがれを抱いていました。

四世とエマに王子が生まれます。久しぶりの王子の誕生は、ハワイアンすべての喜びでした。

英国にあこがれる四世とエマは、王子の名を英国王子の名をとりアルバートとし、英国のビクトリア女王にゴッドマザーを引き受けてもらいます。さらに、ハワイには存在しない英国国教会の教義で王子の洗礼を受けるために、司祭をロンドンから招きます。しかし、司祭がハワイに向かう船上にあるとき、王子は病に冒され亡くなります。四歳でした。

王子没後まもなく、司祭が到着し英国国教会の活動が始まります。エマはその活動を支え続け、二十四年後の一八八六年、セント・アンドリュース大聖堂が完成しました。大聖堂の壮大なステンドグラスには、四世、エマ、アルバート王子が刻まれています。

三世、四世の時代にハワイ経済を支えた捕鯨ビジネスにも陰りがでてきます。乱獲によりクジラが減少し鯨油価格が上昇したため、それに代わる、石炭やケロシンが有力になってきたからです。

寄港する捕鯨船の数が急速に減少していく捕鯨ビジネスに代わってハワイ王国を支えていく産業が、四世の時代に発展し始めます。大規模サトウキビ農業です。

最初の大規模サトウキビ農場はカウアイ島のコロアプランテーションで、一八三五年に設立されていますが、大きく発展するきっかけとなったのは、一八六一年に起きた米国の南北戦争です。砂糖生産地が南軍に属していたため、北軍の地域はハワイからサトウを仕入れるようになったからです。

サトウ経済が活気づく一八六三年、四世は持病の喘息が悪化し亡くなります。二十九歳でした。

カメハメハ五世の時代

四世の兄がカメハメハ五世となります。三十二歳で即位した五世は、四世の時代に主要閣僚を歴任しており、やりたいことが明確にありました。それは、王権を強め、米国に傾く政治や文化をハワイアンに戻すことでした。

そのために憲法を改正し、二院制の議会を一院制とし、王が任命する貴族議員が主導権をとれるようにしました。

五世も四世と同じく、王子の頃、米国で人種差別を経験しており、米国とは一線を画したかったのでしょう。

一八六五年の南北戦争終結は、ハワイに大きな影響をもたらします。戦争ゆえにブームとなっていたハワイのサトウキビ農業が傾き不況に陥ったのです。王国の財政も悪化し、五世が望むような、ハワイアンによるハワイアンのための強い王国を築くことは夢のまた夢となりました。

南北戦争が終結した米国は、アジアの権益に関心をもつようになり、一八六七年にアラスカをロシアから買ったり、アジアに近い太平洋の無人島ミッドウェー（本書11ページ）の領有を宣言したりしていきます。港の機能がある国際都市ホノルルはアジアへの絶好の中継基地。ハワイには米国の軍艦が常時入港してくるようになります。

王が個人的に嫌いであっても、軍事的にも経済的にも米国に偏っていく時代の流れは止めようがありません。

それでも五世はハワイの伝統文化を盛んにしようと、ハワイの伝統医術（現在のハワイアンマッサージ、ロミロミに繋がります）を復活したり、ハワイ古来の悪習にむすびついている、との理由で、長く禁じられていたフラやメレを復活し盛んにしたりしました。

もともと巨漢の五世は、晩年、ますます太っていき、歩くこともままならなくなります。

生涯独身であった五世は、後継王に大王のひ孫のバニース・パウアヒ王女を指名しようとしましたが、王女はこれを断ります。

五世は後継王を決められないまま、一八七二年、逝去します。四十二歳でした。

五世の後継王は初めて議会で選挙がおこなわれ、大王の血筋がないルナリロが選出されます。ここに、六二年にわたり五代続いたカメハメハ王朝が終焉したのです。

第11章　王国の消滅

ハワイ王国の経済を支えてきたのは、初期はラッコやキツネなどの毛皮貿易の中継基地。それが乱獲で衰退すると、サンダルウッド。それも乱獲で絶滅すると、捕鯨。捕鯨ビジネスも乱獲で衰退の一途をたどりましたが、石油が市場に出回り始めたことで一八七〇年代に完全に終わります。代わって王国を支えたのが大規模サトウキビ農業。サトウの輸出先は米国。米国一国依存の経済でした。

サトウキビ農場を経営するのはハワイに住みついたハオレ（白人）で、商人や宣教師の二世・三世が中心です。ハワイ生まれハワイ育ちのハオレ二世・三世は、議員や大臣になる者も多く、王国の政治に影響を与えていました。

教育の充実もあり、ハワイアンの優秀な人材は育っていましたが、残念なことに人口減少が止まりません。統計がとられた一八八四年には、ハワイアンはわずか四万人。キャプテン・クックが来た頃の推定人口三十万人のわずか一三％です。しかも、この時の人口比率は半分程度。他の半分はサトウキビ農場の労働力として受け入れた、ポルトガル系と中国系、そして、ハオレでした。

第六代ルナリロ王の時代

カメハメハ五世亡き後、後継王は初めて議会選挙で決められ、カメハメハ大王の血筋がないルナリロが第六代の王となりました。

ルナリロが即位した一八七三年、二人の米国将軍が休暇と称してハワイにやってきました。真の目的は、オアフ島にある真珠湾が軍港に適しているかを最終判断するためです。二人は、真珠湾は米国がアジアに進出するための絶好の軍港になる、と結論づけました。将軍の一人はスコフィールド。現在オアフ島にある広大な陸軍基地、スコフィールド・バラックスとしてその名が残っています。

ルナリロ王は即位の翌年、病で亡くなります。在位わずか一年でした。

ルナリロの短い在位中に軍で反乱がおきました。きっかけは、ハンガリー出身の軍教官が厳しすぎることへの不満でした。ルナリロは「反乱した者の罪は問わない」として、鎮静化し、ハワイ軍は、楽隊を除き、すべて解散させられました。一国の独立を守るべき軍が楽隊だけの時期があったのです。

ホノルルの治安もまた、警察だけでなく、ハオレの自警団「ホノルル・ライフルズ」によって維持されていました。国家間だけでなく国内ですらハワイアンだけで治安を守ることができなくなっていました。

第七代カラカウア王の時代

ルナリロ王は独身で後継王を指名していなかったので、議会選挙で、四世の寡婦エマとの争いに勝ったカラカウアが、一八七四年、第七代の王に就任しました。

カラカウア王は、就任早々、サトウ輸出先の米国に出向き、サトウの関税免除の交渉を始めます。ハワイ産のサトウの関税が免除されれば、中南米のサトウ生産国より有利になるからです。王国だけを利する一方的な申し出ですが、アジアの権益を狙う米国にとって真珠湾は絶好の軍港です。いずれ独占しようと狙いを定め『互恵条約』に応じます。そして、その十二年後の一八八七年に更新された『互恵条約』により、米国の狙い通り、真珠湾は米国の独占使用となり、軍港として整備されていきます。

経済だけでなく、軍事も米国頼りになりますが、米国での関税がなくなったことで、ハワイのサトウ経済は活況となります。

カラカウア王は、メリー・モナーク（陽気な王様）と呼ばれ、ハワイアンの間では絶大な人気がありました。派手好きな王は、フラやメレを盛んにし、自身の五十歳の誕生日や在位九年を祝う盛大な式典をおこないました。

九カ月にも及ぶ世界一周の海外視察をおこなったときには、日本にも立ち寄り、サトウキビ農場への日本人移民の要請をしたり、ハワイのカイウラニ王女と日本の山階宮定磨親王との結婚を申し出たりしました。この結婚話は実現しませんでしたが、日本からの移民は実現し、ハワイの日系人からは移民の父として慕われ、ワイキキには日系人団体が建てた立派なカラカウア王像があります。

一八八二年には、豪華なイオラニ宮殿を完成させ、さらに、彫刻の本場イタリアにカメハメハ大王像の制作依頼をします。イタリアから運ばれ、一八八三年にホノルルに建立されたカメハメハ大王像は台座を含め五メートル以上ある立派なもので、今も訪れる観光客が絶えません。

カラカウア王が、豪華で派手なふるまいをする一方で、カメハメハ大王像を建立したのは、血筋を重んじるハワイアンに、「偉大な始祖カメハメハ大王を称えよう。だが、カメハメハ王朝は終わった。これからはカラカウア王朝である」と知らせたかったのでしょう。

カラカウア王の時代、サトウ経済は順調でしたが、王の贅沢で豪華な振る舞いは、国の財政にも影響を与えるようになります。王国の経済・政治の実権をにぎるハオレ二世・三世は気に入りません。借金まみれとなっていくカラカウア王が、米国からやってきた抜け目のない白人を登用するようになると、ハオレ二世・三世は憲法改定という強硬手段にでます。

貴族議員も王の任命ではなく選挙で選ぶようにしたり、選挙権は相応の財産を有する者に限定したりして、ハオレ有利で王権が制限された憲法に変えようとしたのです。そんな改定は、王には認められるものではありませんが、政治、経済だけでなく、ホノルルの治安すらハオレ自警団頼りとなっていたカラカウア王に、選択の余地はありません。ハオレ二世・三世に強制的に認めさせられたことから呼ばれる『銃剣憲法』が一八八七年に制定されました。

巻き返しを図る努力も徒労に終わり、失意のカラカウア王は一八九一年、訪問先のサンフランシスコで亡くなります。五十四歳でした。

第八代リリウオカラニ女王の時代

第八代の王はカラカウア王が指名していた妹のリリウオカラニです。即位時五十二歳の女王は、カラカウア王の側近として、王が九カ月に及ぶ外遊中には立派に代理を務め、英国のビクトリア女王とも親交がある聡明な女王でした。派手好きなカラカウア王とは違い、今も歌われる〈アロハオエ〉を作詞するなど、心優しく芯のある女性でした。

しかし、女王に即位すると、ハワイに深刻な不況が押し寄せます。米国大統領ハリソンの政策のせいです。

ハリソンは、国内工業品の輸出拡大のため、中南米諸国に米国の工業製品への関税を撤廃させました。その見返りはサトウなどへの関税免除です。そして、関税免除された中南米産のサトウが安価に流通することで打撃をうける米国内のサトウ生産者には、補助金を出して保護しました。

これがハワイ経済を直撃します。

互恵条約で関税免除されていたおかげで中南米諸国より有利な立場にあったのに、それがなくなっただけでなく、補助金が交付される米国内のサトウ生産者との競争も熾烈になったからです。

サトウの輸出が激減し、ハワイ王国は出口の見えない不況に陥っていきました。

この事態を乗り越える方策として、ハオレ二世・三世の間で、「米国にアネックス（併合）し、米国内のサトウ生産者のように補助金を受け、不況から脱却しよう」と考える声が、日ごとに、大きくなっていきます。

アネックスとはハワイ王国がなくなることであり、リリウオカラニ女王が認めるはずがありません。

王国の最後となる議会は、税収不足を補うために出されたギャンブル性の高いくじとアヘンを許可制とする案件をめぐり連日紛糾し、何度も内閣が代わるなど混乱続きでしたが、ようやく、くじとアヘンの許可制の法案は通り、議会は最終日をむかえました。

一八九三年一月の議会閉会当日、「王権を強め混乱をきわめる議会を改めたい」との思いで女王が温めていた構想を打ち出したことから、ハワイ王国はわずか四日間で消滅します。

一月十四日

「ハオレ有利な銃剣憲法を改定し、ハワイアンのための統治をしよう」と決意した女王は、議会最終日となる朝、大臣を集め、「新憲法を発布するので、議会終了後同意のサインをするように」と伝えます。ハオレ二世・三世はこれを待っていました。女王は憲法改定をせざるをえなくなるであろうと、予測していたからです。

混乱を恐れる大臣たちからの同意は無理、と悟った女王は、イオラニ宮殿で「この場で、新憲法制定を宣言する予定であったが、しばらく延期する」との趣旨のスピーチをします。

一月十五日

前日の出来事を知った、アネックス派ハオレグループの〈安全委員会〉と、新憲法支持派ハワイアンの〈法と秩序委員会〉は、共に、大規模な集会を開き、王国は騒然となっていきます。

一月十六日

米国公使は、ハワイ在住の米国人の安全確保を理由として、米国軍艦『ボストン』の艦長に隊員の上陸を要請します。それに応え、武装した米軍兵士が政府ビルの近く、イオラニ宮殿からは死角になる場所で待機します。この配置から、女王は、米国公使がアネックス派に加担している、と悟ります。

一月十七日

アネックス派はハオレ二世のドールを首相とする暫定政府の樹立を宣言。武装したハオレ自警団が政府ビルを占拠します。

米軍が近くに待機しているなかでは、女王にできることは何もありません。

リリウオカラニ女王は「米国の威圧下、抵抗すれば無駄な血を流すだけである。米国が今回の非（ハワイ王国と米国はお互いの独立を認める条約を結んでいるにもかかわらず、米国公使が勝手に反乱軍に加担したこと）を知れば、また、私が王に返り咲くであろう」との趣旨を述べ、無念の退位をし、警察と軍隊の解散を命じます。

八代続いたハワイ王国が消滅した瞬間です。

女王の座を追われたリリウオカラニは、かすかな希望を抱き、ワシントンに出向き訴えますが、その復権はかなわぬ夢でした。

王国が崩壊して百年後の一九九三年、米国大統領クリントンは「米国が独立国と承認しているハワイ王国に米軍が介入したことは不当であった」との趣旨の謝罪決議に署名をしました。リリウオカラニ女王の訴えは正当だったのです。

ハワイ共和国から準州へ

暫定政府は、ドールを大統領とするハワイ共和国となり、米国とアネックス交渉を始めます。

しかし、王国の混乱を招き、王国の消滅にまでいたらせた大不況は、米国大統領の交代であっけなく解決します。共和党のハリソンから代った民主党のクリーブランド大統領が政策転換をしたからです。

クリーブランドは中南米諸国からのサトウに再び関税を課し、国内サトウ生産者への補助金を廃止しました。これにより『互恵条約』で関税免除があるハワイ産のサトウが有利となり、ハワイに、再び、好景気が訪れたのです。

不況から脱却するための方策であった米国とのアネックスは、当面、必要ではなくなりましたが、米国大統領の政策次第で好不況が決まる不安定さを解消するために、ハワイ共和国は米国とアネックス交渉を続けていきます。

十九世紀後半、列強によるアジアの利権争いが熾烈になっていました。キューバで起きた米西戦争をきっかけに、米国はスペイン領のフィリピンとグアムを領有しようと目論みます。軍港の真珠湾があるハワイは重要な中継基地のため、ハワイをアネックスすることは米国にとっても願うところとなり、一八九八年、ハワイをアネックスし、米国の準州としました。

準州というのは、州知事が選挙でなく大統領の任命であることと、ハワイ選出の米国連邦議会議員には議決権がないことを除いては、米国の諸州と変わりありません。ハワイアンも米国市民になったのです。

一八九八年八月一二日、ハワイ共和国も国旗として使っていた王国旗が降ろされ、米国旗が掲揚される歴史的な式典に招待されていたリリウオカラニはじめ元王族は、誰一人として参加しませんでした。

この式典当日の様子を、日系移民の山下草園は次のように記しています。

「南国の空晴れて、一片の雲もなきこの日、ハワイ政庁に於いては、盛大なる合併の式典が挙行された。ハワイの子等は、身にふりかかる亡国の悲哀を秘め、悲喜交々織りなす感慨を胸一つに収めて、早朝より政庁の庭内や庭外に集まった（中略）合併の宣誓書を朗読す。その一字一句こそ、ハワイが一声毎に消えていく引導の響きにて（中略）或者はカメハメハ大王の銅像の膝下に抱き付いて嗚咽し（中略）或いは号泣し、或いは慟哭するのであった」

その後、サトウ生産国としてハワイは栄えていきます。その労働力として、中国、ポルトガル、日本、フィリピンなどから、移民労働者が入ってきます。中でも日本からの移民が最大で、一九二〇年代には日系人がハワイ全人口の四割を占めるほどになりました。

真珠湾奇襲をきっかけに始まった太平洋戦争を経て、一九五九年ハワイは米国の五十番目の州となり現在に至っています。

あれほど栄えたサトウキビキビ農場は戦後のグローバル経済の中で衰退します。世界規模での価格競争に勝てなくなったからです。それに代わって、観光と米軍基地がハワイ経済を支え、今に至っています。

第12章　偉大な王たちへの追憶

リーダーの資質

孫子は「将とは智、信、仁、勇、厳なり」とリーダーの五条件をあげていますが、カメハメハは、これらすべてを兼ね備えていました。

・〈智〉状況を読む力、先見の明

ハワイ島だけでなくマウイ島、オアフ島を征し最強となったカメハメハは、残るカウアイ島を攻め急ぐことはしませんでした。「賢明な王がいるカウアイ島の攻略は手間取るであろう」との先見の明をもち、「大きくなった支配地域の安定が先だ」と状況を読む力があったからです。

・〈信〉信用でき、信頼できる

カメハメハは、英国人ジョン・ヤングとアイザック・デービスを拉致します。西欧の武器の使い方や西洋の情報を知る二人は丁重な扱いをうけます。しかし、いくら大切にされても、石器時代の暮らしはつらく耐えがたかったのでしょう。蛮族の酋長にしか見えなかったカメハメハのもとから何度も逃亡を試みますが、やがて、自らの意思で島にとどまり、生涯カメハメハに尽くしていきます。カメハメハが「信じてついていけば間違いない」人物だったからです。

・〈仁〉思いやり、寛大さ

ハワイアンにはアロハスピリッツという、思いやりの心がありますが、カメハメハにはリーダーとしての寛大さと思いやりがありました。

岩に足がはさまり動けなくなったカメハメハは、住民にパドルで殴られます。後日犯人を捕まえますが、妻や子供を守るために殴ったのだと知り許します。ママラホエカナワイで知られるこの逸話は、カメハメハがリーダーにふさわしい寛大さと思いやりを持ち合わせていたことを示しています。

・〈勇〉決断力

カメハメハとカヘキリは何度も壮絶な戦いをしますが、武田信玄と上杉謙信の川中島の戦いのように、決着がつかないまま終わります。両者とも、やみくもに攻めるだけでなく「勝てなくとも負けなければよい」と、退くときには退く決断力を持っていたからです。

・〈厳〉大義のための厳しさ

カメハメハに長く仕えてきた有力首長たちは、カメハメハが権力を拡大すれば自身の権力も大きくなる、と期待し、身命を賭して戦ってきました。しかし、主要三島を支配したカメハメハは、オアフ島のガバナーにデービス、ハワイ島のガバナーにヤング、実務を取り仕切る首相に若いハワイアンを抜擢しました。急速に国際化していくハワイを治める、という大義のため、命を惜しまず長年仕えてきた首長たちの労に報いてあげたい、との私情を断ち切った、厳しい決断をしたのです。

リーダーの五条件に加え、神に近い血筋のケオプオラニ王女が逃げていくのを「見ていながら、見えないふり」をしたり、カウムアリイの野望を「知っていながら知らにふり」をよそおえる人間味が、カメハメハを一層魅力的な王にしています。

偉大な王たちへの追憶

こうした優れたリーダーの資質と人間味でハワイ王国を築いたカメハメハは、ハワイに三対、首都ワシントンに一対のカメハメハ大王像が置かれ、その業績が今に称えられています。

しかし、優れたリーダーの資質は、カメハメハだけでなく、ライバルのマウイ王カヘキリ、カウアイ王カウムアリイにもありました。二人が大王になれなかったのは、ハワイが急速に変わっていく時代に、カヘキリは早く生まれすぎた、カウムアリイは遅く生まれすぎたからです。その意味で、ちょうどいい時期に生まれたカメハメハは強運の持ち主でもありました。

しかし、カウムアリイとカヘキリが忘れ去られたわけではありません。

カメハメハを称える像のうち一番新しいのは、一九九七年にハワイ島ヒロに建立されたカメハメハ大王像です。この像は、当初カウアイ島にあるリゾート施設の入り口に建てるために造られましたが、カウアイ島の住民の反対で建立することができなくなり、ヒロに寄贈されたものです。カウアイ島の人たちが反対したのは、カウアイ島だけがカメハメハに征服されなかった島であることが、住民の誇りだからです。像はなくとも、カウムアリイの功績は、カウアイの人たちの心に生きているのです。

マウイ島の人たちもカヘキリのことを忘れてはいませんでした。二〇〇七年に、フラドラマ『カヘキリ』がマウイ島で初演されると、マウイ屈指のクムフラ（フラの師範）たちが総出演で演じるフラドラマは大評判となり、日本でも公演されました。そのポスターには、体の右半分すべてに刺青があるカヘキリ役の写真と共に、「ハワイ諸島をはじめ、米国本土、ヨーロッパを講演し大絶賛された『カヘキリ』がついに日本に上陸！」と記されていました。カヘキリがマウイの人たちの誇りとしてよみがえったのです。

第13章　大いなる遺産

カメハメハ大王の今に残るものは、ハワイが休日となる〈カメハメハディー〉、その日はレイで飾られる〈カメハメハ大王像〉、ハワイ州憲法にその名が残る〈ママラホエカナワイ〉。そして、数多くの遺跡があります。しかし、最も価値あるのは、カメハメハが戦乱の世を治め統一したハワイ王国が八十三年間存在したおかげで、ハワイアンの文化と精神が今に生きていることでしょう。そして、それには大王の孫やひ孫のアロハスピリッツも大いなる貢献をしています。

大王の全財産、ビショップ財団へ

カメハメハ五世から後継王となることを懇願されたバニース・パウアヒ王女は、カメハメハ大王のひ孫です。

パウアヒは子供の頃、後にカメハメハ五世となるロットの許嫁となりますが、十七歳の美しき王女を、米国からやってきた青年ビショップが一目ぼれします。

ビショップは、ボストンから西海岸のオレゴンに向かう途中、荒天のため船がハワイに一時寄港した時に、初めて、ハワイに降り立ちます。時代は違っても、パーカー牧場の創始者のように、すっかりハワイを気に入ったビショップは、ホノルルで仕事をみつけ住みつくようになり、王女を見初めたのです。

ビショップは王女が通うロイヤルスクールに頻繁に出向き、王女と親しくなっていきます。やがて、王女も恋心を抱くようになり、結婚を考えますが、王族の両親は大反対です。

両親の許しが得られなくても結婚する覚悟をした王女は、何はさておき許嫁のロットに「心から愛する人がいます」と打ち明けます。ロットはこれを受け入れ、王女との婚約を解消します。幼なじみのパウアヒを子供の頃から、好きで好きでたまらなかったのに、受け入れたのもアロハスピリッツでしょう。

十九歳となった王女は、ロイヤルスクールの教会で、ビショップと結婚式を挙げます。式に両親や王族の出席はなく、大王のひ孫の結婚式とは思えない質素なものでした。

しかし、列席したロイヤルスクールの先生たちと王女の親友からの心からの祝福が、温かく芯が強いパウアヒ王女の人柄を表しています。

王女はさまざまな慈善団体で活動をし、困った人たちの力になっていきます。そんな王女を慕って訪れる平民のハワイアンたちにも王女は温かく接しました。

死期が近いことを悟ったカメハメハ五世（ロット）がパウアヒ王女に、「我が亡き後、カメハメハ六世となっていただきたい」と懇願しますが、パウアヒは固辞します。「人々のために尽くすことはいとわないけれど、支配者には向いていない」とわかっていたからなのでしょう。

五世が亡くなり、親だけでなくいとこのルースの遺産をも受け継いだパウアヒ王女は、大王からの財産をすべて受け継いだ資産家となります。王女の所有する土地はハワイ全土の九%を占めるほどでした。

夫のビショップもハワイで初となる銀行を設立するなど、資産家になっていました。それでも、二人の生活は新婚時代と変わりません。子供はできませんでしたが、仲が良く、人々に尽くし、人々から慕われる二人でした。

五十三歳となり、死期を悟ったパウアヒ王女は「自分の財産は、ハワイアンのための学校づくりに使うように」との趣旨の遺言を書きます。パウアヒが生まれた時には十二万人ほどいたハワイアンが、その頃には四万人ほどになっていました。この人口減少を

くい止めるにはハワイアンへの教育が何よりも必要だと考えたからです

パウアヒ王女亡き後、夫のビショップはパウアヒが残した広大な土地と財産で『ビショップ財団』を立ち上げ、遺言通りにしました。現在ハワイには、初等・中等教育では全米屈指の規模と名声を誇る私立学校『カメハメハスクール』がありますが、その設立母体がビショップ財団なのです。

カメハメハスクールは、ハワイアンの血筋があることが入学条件で、そこではハワイ語、フラ、メレを必修科目とし、ハワイの伝統を児童や生徒に伝えています。

今では、希望者の一五％ぐらいしか入れない名門私立学校となりましたが、奨学金が充実しており、困窮家庭のハワイアンでも入学できます。さらに、ビショップ財団は、公立学校に通うハワイアンの血筋がある生徒にも、奨学金を出しています。

パウアヒ王女がアロハスピリッツで寄贈したカメハメハ大王の全財産は、ビショップ財団の基金となり、ハワイアンの子供たちのためとハワイアンの伝統の継承に使われているのです。

フラの伝統への復帰

ハワイが無文字社会であった時代、メレ（詠唱）とフラ（踊り）は、ハワイの成り立ちや、神々のこと、偉大な王のこと、うれしいこと、悲しいこと、などを伝えていく役割を担っていました。伴奏は大きなヒョウタンにサメの皮を張った打楽器で、戦に勝利した王を称えるメレには男性たちが、優しい王女や収穫の喜びを表すメレには女性たちが、フラをしました。神殿や儀式の場ではなく、収穫祭で詠い踊られるメレとフラは、ハワイアンすべての楽しみでした。

楽しみとしてのフラは、ハワイが戦国時代には衰退していましたが、カメハメハが戦争を終結させ、ハワイに平和が訪れると、再び盛んになりました。

ところが、カメハメハ二世の時代に「キリスト教の教えを広め、未開のハワイアンに光を与えよう」とのミッションを抱きハワイにやってきた宣教団は、やがて、政治にも影響力を持つようになり「フラやメレは悪い慣習や迷信に結びつき、ハワイアンを未開のままにしているので禁止していただきたい」と進言します。当時、力を持っていたカアフマヌはこれを受け入れ、フラとメレを禁止しました。

キリスト教はハワイ全島に広がり、フラとメレの禁止も四十年ほど続きます。しかしハワイアンの心に染みついたフラとメレは、密かに、草の根で生き続けていました。それを復活させたのは、大王の孫カメハメハ五世です。そして、カラカウア王の時代になると、自身の戴冠式などでメレに合わせてフラが踊られ、完全復活しました。復活したフラは、サメ皮の打楽器だけでなく、ハワイ生まれのウクレレやスチールギターなどを加えた伴奏でも踊るようになります。リリウオクラニ女王が作詞した『アロハオエ』は西洋音楽の影響を受けた優雅なメロディーですが、それに合わせて踊るフラも洗練された優雅なものでした。

王国が亡び、ハワイが米国の準州となり、米国からの定期船が行き交うようになると、一九〇三年、米国本土からの観光客を誘致するために、ハワイ宣伝委員会（今のハワイ観光局）が組織されました。宣伝委員会が最も力を入れたのは、ハワイのイメージづくりで、ハワイらしさの演出でした。そのため、いかにも南国らしいメロディーと歌がつくられ、それに合わせて踊るフラも観光客をひきつけるショー的要素が強い踊りに変わっていきました。

この俗化していく流れを止めたのは、カメハメハスクールとハワイアン・ルネサンスです。

一九七〇年頃まで、カメハメハスクールではフラに対する関心は低く、立って踊るフラは教育に向かないと、長く禁止されているほどでした。それを変えたのは、カメハメハスクール出身で初のハワイアンの女性校長ブラント先生です。ブラント校長は、カメハメハスクールの生徒の時、立ってフラを踊り停学されたノナ・ビーマーさんを教師として迎え、伝統に根ざしたフラやハワイ語などを積極的に取り入れていきました。このカメハメハスクールでの試みは、一九七〇年頃からおこった、「自分たちのルーツを見つめ、誇りを持って生きよう」というハワイアン・ルネサンスと重なり、大きなうねりとなっていきます。その結果、ハワイアンの伝統が見直されるようになり、一九七八年のハワイ州の改定憲法では、「ハワイ語は英語と共に州の公用語である」と定められ、観光客向けでショー化していたフラとメレは、ハワイアンの歴史と伝統に根ざしたものに復活していきました。

大王の財産で運営されるカメハメハスクールが、フラの伝統への復帰に少なからぬ貢献をしたのです。

今のフラには二種類あります。

一つはカヒコフラ（古典フラ）。サメ皮とヒョウタンでできた打楽器を叩きながら詠唱するメレと共に踊る、力強いフラ。

もう一つはアウアナフラ（現代フラ）。ウクレレなどの楽器を伴奏に歌うメレと共に踊る、優雅なフラ。

ハワイアンミュージックに合わせ優雅に踊られるアウアナフラが、観光客には馴染みやすく、よく知られていますが、ハワイの伝統芸能であるフラは、奥深く、芸術性があり、ハワイのみならず、世界中で公演がおこなわれたり、学ばれたりしています。

ハワイを訪れると、さまざまな場所で見聞きするフラとメレは、ハワイならではの異国情緒を感じさせてくれます。

カメハメハ四世とその妻エマのアロハスピリッツ

大王の孫、カメハメハ四世は、大王に拉致されたにもかかわらず大王の腹心の部下となったジョンヤングの孫のエマと結婚します。四世とエマは、天然痘患者を救済する活動に熱心でした。当時不治の病と恐れられていた天然痘にかかり、何のすべもなくハワイアンたちが苦しみ亡くなっていくのを放っておけなかったのです。

四世はその活動半ばで亡くなりますが、エマがそれを受け継ぎ、募金活動を熱心に、おこない、個人財産をすべて投入して病院を設立し、無料でハワイアンを治療しました。

その病院は、今、非営利のクイーンズメディカルセンターとなり、ホノルルにあります。医療の質の高さには定評があり、米国で優れた病院として数多くの認証を受けているハワイが誇る総合病院です。

ワイキキから救急車で患者が運ばれることもあり、観光客にとっても大切な病院です。カメハメハ四世とエマのアロハスピリッツが今に生きているのです。

ハワイ州憲法とアロハスピリッツ

大規模サトウキビ農場の労働力として、さまざまな国から移民を受け入れたため、ハワイには、ハワイアンとハオレ（白人）だけでなく、日系、フィリピン系、中国系など人種が多様です。しかし、全米各州の首都でのインターマリッジ（異なった人種の結婚）を比較した二〇一五年のUS統計によれば、ホノルルが四二％で一位であるように、ハワイは米国の中で最もインターマリッジが多い州です。このため、ハワイでは特定の人種とか民族といった意識は希薄で、どの人種がルーツであろうと、アメリカ人としての「ナショナルアイデンティティ」とハワイに生まれ育った「ローカルアイデンティティ」を大切にしています。そのローカルアイデンティティがフラでありアロハスピリッツなのです。

王国の時代のハワイでは、子のいない夫婦に自分の子を養子に出したり、親が何かの事情で子供を育てることができなければ、その子を養子に迎えたりすることが、当たり前におこなわれていました。そこからオハナ（仲間）を大切にする社会が生まれました。

一八七三年、七カ月間ハワイ王国に滞在したイザベラ・バードは、『イザベラ・バードのハワイ紀行』で次のように記しています。

「仲間同士の絆は異様に強い。彼らは驚くほどの親愛の情を通わせ、食べ物や衣服はもちろん、所有するものすべてを分かち合う（中略）浮浪者については聞いたことがない。彼らの中に明日の暮らしに困るものはいない。（中略）困窮のせいで罪の衝動に駆られる者が男女を問わず一人もいないというのは幸いだ」

こうした無私の行為は、仲間だけでなく訪問者にも向けられていたこともイザベラ・バードは記しています。

「わたしたちがある御馳走が懐かしかったと言ったら、親切な主人は朝早くからその料理を用意してくれた。彼はわたしたち一行が泊めてもらった礼金を払おうとしても、断固として受け取らなかった。夫の同伴もなく旅をするご婦人からわずかでも金を受け取るなど、恥すべきことだと言うのだった」

こうした王国時代のアロハスピリッツは、ハワイ州憲法にうたわれています。条文にある「見返りを求めない思いやりの精神（"Aloha" means mutual regards and affection and extends warmth in caring with no obligation in return）」は、イザベラ・バードの頃とは表し方が違ってはいても、ハワイに住む人たちの大切な心がけとして、今に受け継がれているのです。

人種が多様なハワイですが、アロハスピリッツがローカルアイデンティティとなり、そこから生まれるホスピタリティが、ハワイで感じる何とも言えない居心地のよさにつながっているのでしょう。

北東から吹く貿易風のおかげで、南国でありながらカラッと爽やかな気候。

サンゴ礁に囲まれた、青く透き通った美しい海。

冬には雪が降る四〇〇〇メートルを超えるマウナケア、今も活発な活動を続けるキラウェイ火山、マーク・トウェインが「太平洋のグランドキャニオン」と絶賛したワイメア渓谷や「太平洋のヨセミテ」と絶賛したイアオ渓谷、宇宙に来たようなハレアカラの火口などの景勝地。

ハワイアン、白人、日系、フィリピン系、中国系などが入り混じった多様性。

どれもがハワイの魅力ですが、ハワイアンの文化や精神が今に生き、ハワイ特有の居心地のよさが醸し出ていることが、観光客をひきつけ、リピーターが多いことにつながっているのでしょう。

ハワイにハワイアンの伝統文化（フラとメレ）と伝統精神（アロハスピリッツ）が根づいていること、これが大王の大いなる遺産なのです。

II

カメハメハを訪ねて

【カメハメハを訪ねて（ハワイ島)】

ハワイ島の愛称は〈ビッグ・アイランド〉。岐阜県とほぼ同じ大きさのハワイ諸島最大の島は、最も新しい島でもあり、火山活動が盛んです。すそ野が大きく広がるマウナケア（4207 m)、マウナロア（4169 m）があり、壮大で多様な景勝地が数多くあります。この島でカメハメハは生まれ育ち、王の座を勝ち取ったのです。

ハヴィのカメハメハ大王像

カラカウア王がカメハメハ大王像の制作依頼をしたのはイタリア。完成した大王像を運ぶ船がフォークランド沖で沈没したため、大王像は海の底でしたが、後に引き上げられ、この町に据えられました。ハヴィが、カメハメハが生まれたコハラ地区にある町だからです。イタリア人作家の彫刻のためか、左手に槍を持ち右手をかかげている姿はシーザー像そっくりです（左）。ちなみに、ホノルルのカメハメハ大王像はイタリアで再制作された作品です。緑豊かなハヴィから西へ向かうと荒涼としたコハラ地区（右）。その北方にあるモオキニヘイアウの近くでカメハメハは生まれました。

プウコホラ国立歴史公園

カメハメハはキワラオ王を殺し、「我こそがハワイ島の王」と宣しますが、内戦状態が続きました。それを終わらせるために、キワラオ王の弟ケオーウアを、完成したばかりのこのヘイアウ（上）に招き、殺し、その遺体をヘイアウ〈神殿〉に捧げ、名実ともにハワイ島の王となりました。神聖なヘイアウを築くには、海水で清められた溶岩を運搬する必要があり、牛も馬もいなかった当時、平民が総動員された一大事業でした。米国の国立歴史遺跡となっているこのヘイアウの入口（左下）には、米国旗と並びハワイ王国旗（現ハワイ州旗）がはためいています（右下）。

カイルアコナ

カメハメハが晩年暮らしたカイルアコナは、大王亡くなった翌年、ボストンからの宣教団が最初に降り立った町です。モクアイカウア教会（上）はハワイで最も古い教会で、当初はかやぶきでしたが、1837 年に石造りになりました。フリへエ宮殿（下）は 1838 年に大王の愛妻カアフマヌの弟によって建てられ、その後何人かの王族の離宮となりました。カメハメハ大王の宮殿は、今はなく、その跡地にはキングカメハメハ・ビーチホテルが立っています。カイルアコナはハワイ島ではヒロに次ぐ大きな町で晴天の日が続くため、その周辺にはリゾートホテルが立ち並んでいます。豊かな地下水のおかげで良い状態に保たれている溶岩台地のゴルフ場はゴルフファンに人気です。

プウホヌア・オ・ホナウナウ国立歴史公園

カメハメハ大王の時代のヘイアウの多くが、大王亡き後摂政となったカアフマヌの命により破壊され、その後も宣教師の意向により破壊されていきました。この再現されたヘイアウは日本で言う「駆け込み寺」であり、何らかの事情で逃れざるを得ないハワイアンが、助けを求め、駆け込む場所でした。しかし、隣接する王族の居住地に入ることはカプなので、サメなどがいる危険な海からしか、ここにたどり着くことはできませんでした。この歴史公園には、当時のヘイアウ（下）、囲碁のように黒と白の石でゲームをするコナネの石盤（左上）、夫婦喧嘩をしたカアフマヌがカメハメハから逃れ隠れたと伝えられる岩(右上)などがあります。カアフマヌも海を泳いで来たのでしょうか。

キラウェア火山

カイルアコナからキラウェア火山へ向かって、溶岩上の道路（左上）をドライブしていく途中の景色（右上）は雄大です。火山の爆発により宿敵ケオーウア軍が被害を受けたため、「火の神ペレはカメハメハの味方だ」とのうわさが広がり、カメハメハのハワイ島統一が早まりました。「あるときは絶世の美女、あるときはしわだらけの老婆、あるときは怒り狂った炎の姿で現れるペレは、キラウェア火山のハレマウマウ火口（下）に住んでいる」と言い伝えられています。

ヒロ

カメハメハが主要三島を支配し最初に首都にしたのがヒロ。ここ建つカメハメハ大王像（右）はハワイに３体ある大王像の中で最も新しく、1997 年に建立されたもので、ハヴィやホノルルの大王像とは顔つきが少し違います。大王像の近くにある絵看板（左上）には、カメハメハ大王がいた頃のヒロ湾が描かれており、そこにはカメハメハの秘密兵器、巨大なペレレウ（戦闘カヌー）が描かれています。ヒロから望むマウナケア（左下）は雄大です。

大規模サトウキビ農場跡

貿易風の影響で雨が多いハワイ島西部には、カメハメハ３世の時に始まり、カメハメハ５世の時代から盛んになった大規模サトウキビ農場が一面に広がっていましたが、今は荒れ果て、サトウキビ工場の跡地には歴史遺産を示す標識（左上）が建っています。移民で栄えた町ホノカワには当時の様子を示す絵看板（右上）があり、沿道には自生するサトウキビを切り出し（左下）、ジュースなどを売るスタンド（右下）がありました。

ワイピオ渓谷

カメハメハとカヘキリとの、海が血の色で染まった、といわれるほどの海戦があったワイマヌ沖は、このワイピオ渓谷（左）の少し西北（右）です。渓谷の展望台から下の谷へはジープか徒歩でしかいけませんが、そこには昔ながらの自給自足の暮らしをする人たち住んでいます。「虹をつたってワイピオ渓谷にきた豊穣の神ロノはそこで美しい娘と結婚しますが、彼女が浮気をしたと思い殺してしまいます。浮気は思い違いだったとわかり後悔したロノは、彼女のために収穫祭（マカヒキ）をしました」との神話がこの神秘的なワイピオ渓谷にはあります。収穫祭ではフラが踊られ、ハワイアンが楽しみにする年中行事でした。

パーカー牧場

カメハメハに気に入られたパーカーが始めたパーカー牧場は、今では、全米でも屈指の規模の大きさがあります。広大な牧場は、日本が誇るスバル望遠鏡がある天文台が見えるマウナケア（上）のふもとにあります。そこでは1万頭以上の牛が放牧されていますが、その多くが、草だけで育った牛肉（grass-fed beef）として、健康志向のブランド価値をたかめています。のんびりと草をはむ牛（下）もそうなのでしょうか。

【カメハメハを訪ねて（マウイ島）】

２つの火山島が噴火により１つの島につながったため、ひょうたん型の面白い形をしているマウイ島の愛称は〈渓谷の島〉。北東側は雨が多く美しい渓谷が数多くあります。カメハメハのライバル、カヘキリが王として君臨した島、カメハメハの愛妻カアフマヌの生まれた島、そして、捕鯨基地として発展したラハイナがある島のため、マウイには史跡が多くあります。噴火口が月面のようなハレアカラ（3055 m）の山頂まで車で行くことができ、豪華リゾートがあるラナイ島へは船で日帰りツアーができ、晴天が続く南西側にはリゾートホテルが立ち並ぶマウイ島へは、米国本土からの長期滞在者が多く訪れます。

ラハイナ

捕鯨基地として栄え、宣教師たちが多く住むようになったラハイナには歴史遺産が多く、いつも観光客でにぎわい（上）そぞろ歩きには格好な町です。敬虔なキリスト教信者となったカメハメハの正妻ケオプオラニは、マウイ島に移り住み、洗礼を受け、ワイオラ教会（左下）のお墓に眠っています。現在の建物は1953年に建て直されたものです。ラハイナ沖には、再現されたダブルカヌー（右下）が停泊していました。

捕鯨博物館

カメハメハ３世の時代に盛んであった捕鯨についての博物館が、ラハイナの少し北にあるホエール・ビレッジ・ショピングセンターの一角にあります。そこでは、捕鯨船の模型（上)、捕鯨船の中央に置かれ、薪を焚き鯨油を抽出する大きな鉄釜（左下)、鯨油樽が並ぶラハイナ港の様子（右下）などが展示してあり、当時をしのぶことができます。

オロワル

カメハメハが２人の英国人を拉致するきっかけとなったオロワル沖での大虐殺。そのオロワル（左）は古くからハワイアンが住みついた場所で、そこにはペトログリフが刻まれています(右)。ペトログリフが文字にならなかったのは、役割分担が生まれながらに決まっており、自給自足の同じ暮らしが幾世代も続いていたハワイでは、誰が何をするのか、いつ、どこで、何がおこなわれるかを、誰もが知っており、文字が必要なかったからなのでしょう。

イアオ渓谷

ハワイに滞在していたマーク・トウェインが「太平洋のヨセミテ」と絶賛したイアオ渓谷は、カメハメハとカヘキリの息子との戦いで、命を落とした兵士たちによりその流れがせき止められた、と伝えられる渓谷です。「半神半人の英雄マウイは美しい娘イアオを誘惑したプウオカモアを捕えますが、イアオの“殺さないで”との願いを聞き入れ、プウオカモアを岩に変えてしまいました」との伝説がある岩、イアオ・ニードル（右）をのぞむイアオ渓谷の水（左）は清くとうとうと流れていました。

マウイの一本松

イアオ渓谷の近くにケパニワイ公園があり、各国からの移民モニュメントがあります。日系移民の夫婦像(左)がある近くに、小さな一本松(右)があり、プレートには概略「東日本大震災の〈奇跡の一本松〉は希望と我慢の象徴。被災者と想いを共有するためにここに植樹する」と記されていました。松を植樹した『日本文化協会』だけでなく、『アロハ・イニシアティブ』も「津波で家を失くした人たちをハワイに招こう」とのプロジェクトを実現し、多くの被災者が招かれました。津波でサーフィン店も祖父も失くした被災者は、マウイのサーファーたちとの交流で、ようやく大好きなサーフィンを始めることができ復興への気力が蘇った、とのこと。今に生きる素晴らしいアロハ・スピリッツです。

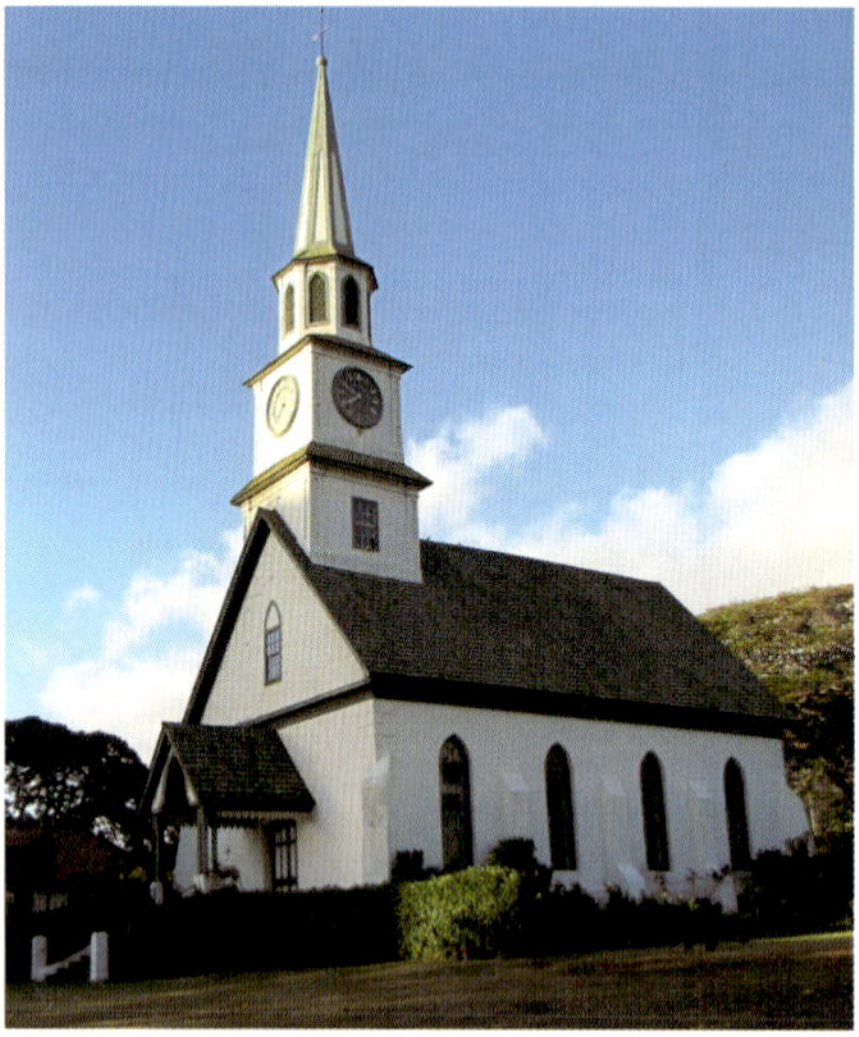

カアフマヌ教会とカアフマヌ像

マウイ島の王族の家柄だったと言い伝えられるカメハメハの愛妻カアフマヌに、マウイの人たちは親近感がわくのでしょう。マウイ島の中心都市カフルイのクイーン・カアフマヌ・ショッピングセンターにあるカアフマヌ像（右）は、島民の日常生活に溶け込んでいます。カアフマヌ教会（左）は、小さな、かやぶきの教会を訪れたカアフマヌの「きちっとした教会を作り、カアフマヌ教会と名づけてほしい」との願いが、没後 44 年の 1876 年にかない、建てられた美しい教会です。

【カメハメハを訪ねて（オアフ島）】

オアフ島の愛称は〈集いの島〉。ホノルルが天然の良港であることがわかると西洋船が数多く立ち寄り、西洋人が住みつき、〈集いの島〉となりました。今は、観光客の〈集いの島〉です。カメハメハがこの島を制覇しハワイ諸島最強となってから今日まで、政治と経済の中心はホノルルにあるため、さまざまな王国の歴史が展開されてきました。ホノルルのダウンタウンは王国時代も今も政治経済の中心地、ワイキキは世界有数の観光リゾートです。

カメハメハ大王像（ダウンタウン）

6月11日はカメハメハデー。カメハメハ5世が、大王の誕生日でも命日でもなく、王国が誕生した日でもないこの日にした理由はわかりません。しかし、ハワイが州に昇格するとすぐに、この日がカメハメハ大王を称える祝日に制定されました。はしご車を使い消防隊員がかけたレイをまとったカメハメハ大王像（上）の台座の4辺には銅版画があり、その一つはママラホエカナワイ（下）です。

最高裁判所とイオラニ宮殿（ダウンタウン）

カメハメハ大王像の後ろに建つのはハワイ州最高裁判所（上）です。カメハメハ５世が宮殿として建て始め、カラカウア王が完成させたこの建物は、王国最後の日、ハオレ２世･３世の自警団が占拠し、暫定政府を樹立したところです。屋上には米国旗とともにハワイ王国旗（現ハワイ州旗）がはためいています。カメハメハ大像の右手が指す方向に米国唯一の宮殿イオラニ宮殿（下）があります。

カプのサインがある場所（ダウンタウン）

大王の時代カプは、破れば死をもって償わなければならないおきてでした。カメハメハ２世と妻はロンドンで麻疹にかかり亡くなりました。ロンドンから戻った遺体は、イオラニ宮殿の近くにある一角（上）に埋葬されたため、「入ってはならない」のカプ（下）がかけられました。２世と妻の墓は、その後、ロイヤルモスレムに移されました。

カワイアハオ教会（ダウンタウン）

カメハメハ大王が亡くなった翌年カイルアコナに到着した宣教団により、キリスト教はまたたくまに広まり､ホノルルにも堂々としたカワイアハオ教会（上）が建てられました。サンゴ礁を切り出し積み上げ、4年の歳月をかけ1842年に完成したこの教会の中には王国旗が米国旗と共に飾られ（左下）、カアフマヌの肖像画（右下）などが展示されています。

ミッション博物館（ダウンタウン）

カワイアハオ教会の隣には、宣教師たちが暮らしていた建物があるミッション博物館があります。この印刷所（上）で作られたハワイ語の聖書を抱きカアフマヌは亡くなりました。窓が小さく、かまどがある建物（下）なのは、宣教師たちは冬が厳しいボストンからやってきたからなのでしょうか。

リリウオカラニ女王像（ダウンタウン）

ハワイ王国の第８代目の王で最後の王、リリウオカラニ女王像（左）がイオラニ宮殿の近くにあります。その左手（右）にはアロハオエの楽譜、ハワイ創生神話クムリポ、実現できなかった憲法が握られており、女王の無念の思いが伝わってきます。

クイーンズメディカルセンター（ダウンタウン）

カメハメハ４世の妻エマが、寄付金集めに奔走し、自身の財産を全て使い、1859年ハワイで初めて大きな病院ができました。今、クイーンズメディカルセンター（上）は、規模の大きさだけでなく、その質も、ハワイ州病院ランキング（USNews Ranking）で第１位の名門病院です。病院の一角には、最初の病院の建物絵（下）、エマ王妃の写真（右）などが飾ってあります。

セント・アンドリュース大聖堂（ダウンタウン）

カメハメハ４世が、王子の洗礼のために英国国教会の司祭を招いたことをきっかけとしてできたセント・アンドリュース大聖堂（左上）は、その美しさからハワイ挙式で大人気です。大聖堂は４世の遺志を受けた王妃エマの努力が実り、1886 年に完成しました。大聖堂の壮大なステンドグラス（右）は 1958 年に据えられ、その一角にカメハメハ４世、エマ、そして早世したアルバート王子が刻まれています（下）。

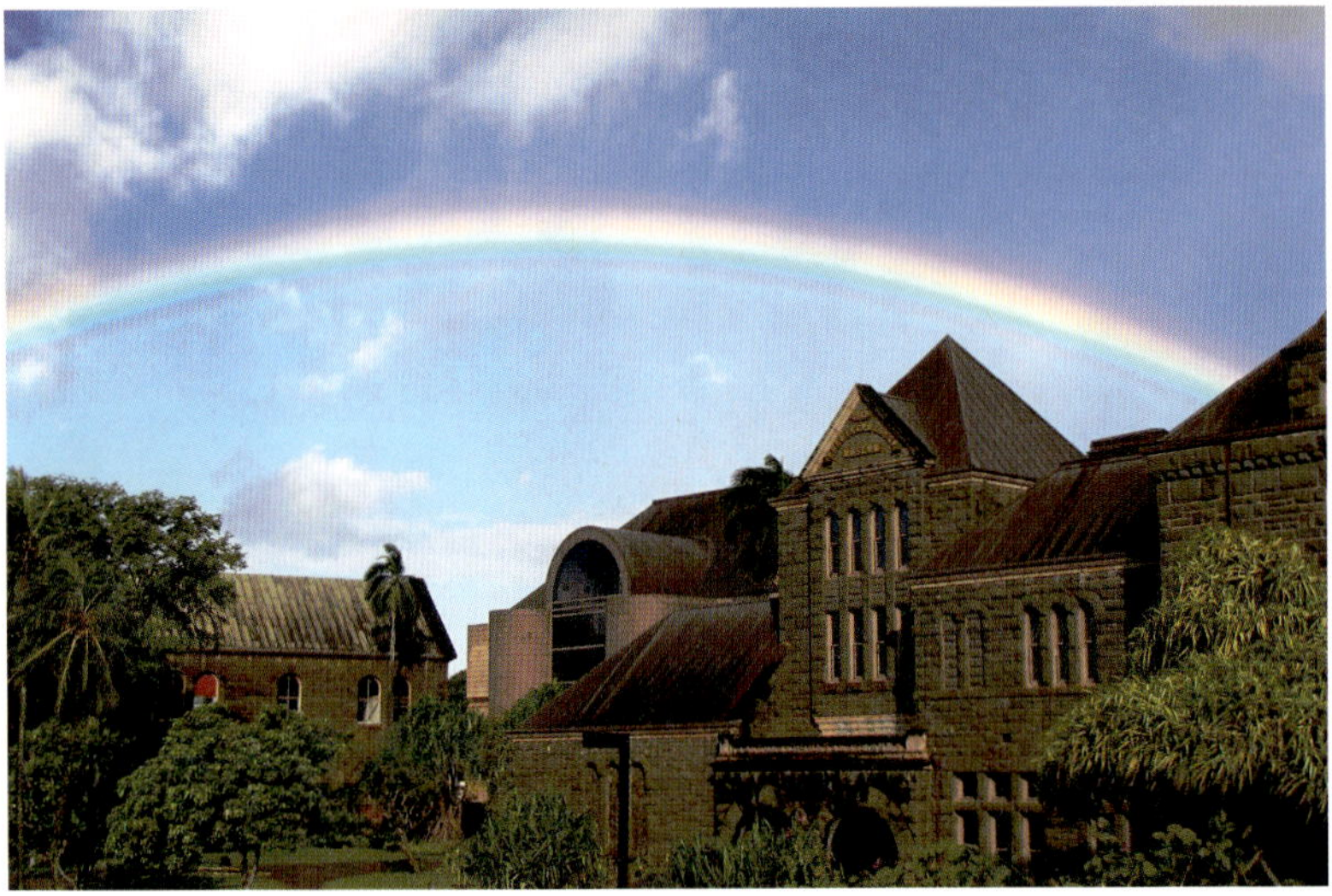

バニース・パウアヒ・ビショップ博物館 その1

パウアヒ王女の遺産により設立されたカメハメハスクールの敷地には博物館（上）も建てられました。カメハメハスクールはこの地が手狭になったため移転し、さらに、マウイ島やハワイ島にも開校され、今では、7万人近い児童・生徒が通う、全米でも屈指の規模と名声を誇る私立の初等・中等教育機関となりました。訪れた日に、ビショップ博物館にかかる虹（下）は、ハワイがレインボー州と呼ばれるのも納得できる美しさでした。

バニース・パウアヒ・ビショップ博物館 その2

博物館にはビショップ夫妻（左上）やカメハメハ大王の肖像画（左下）、王族の象徴の黄色に赤の模様がある羽毛のマント（右）などが展示されています。広大な館内では、考古学、言語学、ＤＮＡ研究などから先祖のことを考えるパシフィックホールがあるなど、さまざまな方法で太古から今に至るハワイの歴史が示されており、一日いても飽きることはありません。また、中庭やホールでのフラレッスンは経験３年以上の中級者向けもあり、好評です。

ヌウアヌパリ

カメハメハがオアフ軍を追い詰め、すべての兵士を突き落とした場所がヌウアヌパリ（上）。そこにはその様子を描いた絵看板（下）があります。ここは風の通り道で、強風が吹く日が多く、この日もハワイに恵みをもたらす貿易風を感じながら、往時をしのびました。

サンセットビーチ沖のサーフィン

サーフィンの記述は、キャプテン・クックとともにハワイに来た、ジェームス・キング大尉が「難しく、危険な操作の大胆さは驚くべきものである……」と1779年に記したのが、最初です。大王の時代、大胆さを競う娯楽として盛んであったサーフィンは、勤勉を尊ぶ清教徒の牧師たちの働きかけにより、フラと共に禁止されました。ようやく復活したのは20世紀初頭です。サーフィンを楽しむ姿はハワイのいたるところで見られますが、貿易風の影響で波が高いオアフ島のノースショアーでは、腕に自信のあるサーファーたちが見事な波すべりをしていました（左上、下）。ノースショアーに向かう途中にある〈リリウオカラニ子どもセンター〉（右上）は王国最後の女王リリウオカラニの遺産により設立された、孤児や恵まれない子どもたちを支援する財団が運営しています。今に生きる女王のアロハスピリッツです。

真珠湾

米国はハワイ王国との互恵条約を更新する見返りに、真珠湾の独占使用権を獲得し、軍港として整備していきました。カメハメハ大王の時代には、「真珠湾の口にサメの女神（カアフパハウ）が住み人食いサメからハワイアンを守っている」と信じられていました。サメの女神に守られ魚貝類が豊富だった真珠湾は軍港となり、日本軍から奇襲攻撃をうけます。真珠湾には、そのとき撃墜され海に沈んだ戦艦アリゾナの上に建てられたアリゾナ記念館（下）があります。軍艦が停泊する真珠湾（上）は日本からの飛行機からも見ることができます。

【カメハメハを訪ねて（カウアイ島）】

カウアイ島の愛称は〈庭園の島〉。貿易風の影響を受ける島の中央部のワイアレアレ山（1570ｍ）の年間降水量は世界でも有数です。カメハメハが、唯一、武力制覇ができなかったこの島は、雨のおかげで、木や花そして虹が美しく、庭園の名にふさわしい島です。筆者が大学３年生の時、３カ月間パパイヤピッカーとして働いていたこの島は、ハワイ４島で観光客が最も少なく、当時の風情が一番残っている島です。

ワイメア湾とキャプテンクック像

カメハメハが20歳の頃、キャプテンクックがハワイを発見し最初に上陸したのがワイメア湾（上）。ワイメアの町にはキャプテンクック像（下）があります。探検家であったクックの像は英国、オーストラリア、ニュージーランドなど、数多くありますが、この像はクックの生まれ故郷に近い港町ウィトビーにある像のレプリカです。

ワイメア渓谷

カメハメハ5世の時代にハワイを訪れたマーク・トウェインが「太平洋のグランドキャニオン」と絶賛したワイメア渓谷（上）には、「ささいな喧嘩から愛するカウェラを亡くしたヒクは、つたを伝いワイメア渓谷の谷底に降り、黄泉の世界でさまようカウェラの霊を捜し出し、つたをつたい地上に戻り、２人は仲良く暮らしました」と言い伝えられる、ヒクとカウェラ伝説があります。これは浦島太郎伝説のように、カウアイ島だけでなくハワイの他の場所にもあります。カメハメハ大王の時代のハワイアンは神々や霊魂の存在を信じていたのです。ワイメア渓谷の展望台から車で20分ほど進むと、ナパリコーストの景観（下）が広がってきます。

最初の大規模サトウキビ農場跡

捕鯨に代りハワイ王国を支えた大規模サトウキビ農場の最初は、1835年、カメハメハ3世の時代にコロアで誕生しました。「キャンプを作り、ハワイアンを住まわせ、独自紙幣を発行し、生活の全てがキャンプでできるようにし、サトウキビの生産から抽出までする」、こうした大規模サトウキビ農場の原型がここから始まったのです。やがて、キャンプには中国、ポルトガル、日本、フィリピンなどからの移民が加わっていきます。この跡地にはそうした人たちの像(写真)があります。コロアから南へ車で10分ほどでポイプビーチに着きます。ここはアメリカのベストビーチに選ばれたこともある透明度の高いビーチで、絶滅危惧種のハワイアン・モンクが訪れることでも知られています。雨が少ないポイプにはリゾートホテルが点在しています。

ロシア国旗

ハワイ領有の野望を抱いたロシア国策会社の使者、シェーファーが築いたロシア要塞の跡地（上）には、今もロシア国旗（下）がはためいています。

ハナレイ渓谷とタロイモ畑

カメハメハ大王の時代に生息していたハワイ固有の動植物の多くが絶滅し、今も絶滅の危機にあります。ハワイ州の鳥、ネネ（下）も絶滅危惧種でしたが、ここハナレイ渓谷（上）がナショナル・ワイルドライフ・レフジーとなるとともに、回復しています。現在、ハナレイ渓谷にはハワイアンの主食であったタロイモが栽培されていますが。このタロイモ畑は、以前は日本や中国からの移民が米作りをしていた水田でした。

【カメハメハを訪ねて（モロカイ島）】

モロカイ島の愛称は〈友情の島〉。カメハメハが殺したキワラオ王の娘ケオプオラニが一時期身を隠していたこの島にはフラ発祥の島との伝承があります。ハワイアンが多く住み、仲間との友情を大切にする伝統が息づくモロカイ島には、手つかずのビーチが広がり、ゆったりとした時間が流れています。

フィッシュポンドとハラワ渓谷

手つかずの自然が広がるモロカイ島では、いたるところでフィッシュポンド跡（下）がみられます。島の東端のハラワ渓谷（上）はハワイアンが最初に移住した場所との説もあります。今、村（アフプアア）はありませんが、滝が流れ、植物が生い茂るこの渓谷からハワイアンの歴史が始まったのかもしれません。

ダミアン神父とパポハクビーチ

ハワイ王国に来たダミアン神父は、ハンセン病患者が隔離されていたモロカイ島のカラウパパで16年間患者と共に過ごし、生涯を終えました。後にローマ法王から聖人の環に加えられるほどの献身的な愛をモロカイ島で捧げたのです。聖ヨセフ教会（上）は神父がこの島で建てた教会のひとつです。パポハクビーチ（下）はハワイ最長の白砂ビーチですが、ほとんど人がいません。ワイキイビーチは人工的に作られたビーチなので、ここの砂がワイキキまで運ばれていた時期もありました。

おわりに

本書ではカメハメハ大王の軌跡をたどり、今のハワイの魅力に言及しましたが、何事にも光があれば影もあります。

カメハメハ大王からのすべての遺産が、ビショップ財団の基金となり、ハワイアンの教育と文化の向上に使われていることは素晴らしいことです。しかし、財団の運営には影がありました。一九九七年、地元新聞（Honolulu Star Bulletin）の特別記事『ブローケン・トラスト』で、ビショップ財団の五人の理事すべてが高額の報酬を受け取り、財団を私物化していることが公にされたのです。

四人の理事が退任に追い込まれ、財団の運営は透明化されましたが、今度は財団が運営するカメハメハスクールが、ハワイアンの血筋がある者だけを受け入れているのは人種差別ではないか、と訴えられたのです。「いったんは入学が許可されたにもかかわらず、ハワイアンの血筋がなかったことを理由に、入学が取り消されたのは憲法違反である」との訴訟です。裁判は三年も続き、二〇〇六年、カメハメハスクールは、七〇〇万ドルもの高額な和解金で解決をし、今もハワイアンの血筋があることを入学条件としています。

莫大な基金がある財団は、これからも紆余曲折がありましょう。

米国にはさまざまなランキングがあります。その一つ、「最も幸せな州（Happiest States in America 2018, wallethub.com）」でハワイは堂々の一位です。爽やかで温暖な気候、失業率が低く、多民族がうまく共存し、医療が充実していることなどが高く評価されています。その一方で、生活物資のほとんどが海を越えて運ばれるための物価高と、土地は公有地と一握りの地主の私有地（ビショップ財団やパーカー財団など）が大部分のための住宅価格の高さから、「都市の生活費ランキング（Cost of Living Index for Selected U.S. Cities 2010, infoplease.com）」ではホノルルはニューヨークに次ぎ二位。全米平均の一六五％です。

その他にも、米国本土からやってきて住みつくホームレスの数が多くなりすぎ、航空運賃を負担してまで本土へ戻していたり、航空機テロや世界的不況がおこれば旅行者が激減する観光産業に経済が依存しているなど、さまざまの問題をハワイはかかえています。

ハワイには光もあれば影もありますが、観光地としてどうでしょうか。

全米ランキングで「最も訪れたい場所（Best Places to Visit in the USA, travel.usnews.com）」

の二〇一八年のトップテンは次のとおりです。

一位イエローストーン、二位マウイ島、三位グランドキャニオン、四位ヨセミテ、五位ニューヨーク、六位サンフランシスコ、七位ワシントンDC、八位ホノルル、九位ボストン、十位レイクタホ。

暮らしがいつもバラ色な楽園はユートピアです。日常生活を離れて、束の間の休日を、リフレッシュしエンジョイするために訪れるハワイは、全米トップテンに二カ所も入っている旅行者にとっての楽園なのです。

ハワイを訪れたらアロハを感じリフレッシュしましょう。思いっきりハワイを楽しんでいる姿が、観光を生活の糧にして暮らすハワイの人たちの喜びでもありましょうから。

＊

本書のカバー写真を好意と友情で快く提供して下さった須賀康夫さん、丁寧に原稿に目を通して下さり、適切なアドバイスをしていただいた風媒社編集部の林桂吾さん、ありがとうございます。記してお礼申し上げます。

［著者紹介］
小林素文（こばやし・もとふみ）
1945 年生まれ。1968 年、慶應義塾大学経済学部卒業
1971 年、アイオワ州立大学大学院言語学専攻修士課程修了
1984 年、愛知淑徳大学文学部教授
1989 年、愛知淑徳大学学長（2011 年 3 月まで）
現在、愛知淑徳学園学園長・理事長

主な著書
『複合民族社会と言語問題』大修館書店
『様々な英語』研究社出版
『ハワイ物語』東京図書出版

カバー写真／須賀康夫

装幀／三矢千穂

JASRAC 出 1903458-901

カメハメハ大王《だいおう》　今《いま》へとつながる英傑《えいけつ》の軌跡《きせき》

2019 年 5 月 30 日　第 1 刷発行　（定価はカバーに表示してあります）

著　者　小林 素文

発行者　山口 章

発行所　名古屋市中区大須 1 丁目 16 番 29 号
電話 052-218-7808　FAX052-218-7709
http://www.fubaisha.com/
風媒社

乱丁・落丁本はお取り替えいたします。　＊印刷・製本／シナノパブリッシングプレス
ISBN978-4-8331-5361-4